D&DEPARTMENTに学んだ、人が集まる「伝える店」のつくり方

学びながら買い、学びながら食べる店

ナガオカケンメイ

目次

はじめに

「デザイナーズマンション」「デザイン家電」という言葉の終焉とともにやってきた、次なるキーワードは「つくり手」でした。その背景には、ものが生まれてくるまでの深い物語や、時間と手間をかけたつくり手の思いに対する、世の中の人たちの強い関心がありました。僕は、デザイナーとして18歳から35歳まで全力で走ってきました。40歳にさしかかったとき、当時の「デザイン」に対して疑問が浮かび、「正しいデザイン」を確かめたくなってつくったお店が「D&DEPARTMENT《ディーアンドデパートメント》 PROJECT《プロジェクト》」でした。この店に並べる「正しいデザイン」の選定基準は、「ロングライフデザイン」。つまり、時が証明した息の長いデザインは「正しい」と考えて、商品誕生から20年以上経った生活品だけを定価で販売しています。そして、このお店にきた大人の多くは、こう質問します。「どうして、こんな店が商売になるの?」と。

僕たちのお店は、売り場を休んで工場を取材したり、お客さんと一緒になって定休日の売場にゲストを招いて勉強会もします。営業時間中に行うことすらあり、よくレストランをクローズにします。そのときは現金収入の機会が減りますが、それを上回る人が集まってくるのです。

景気が低迷すればするほど、人はものを買わなくなります。そして、人がものをほしがるときの質が変わってきます。つまりみんな「ちゃんと」買いたいのです。そして、買物の中に学びを求め、店員やつくり手、お客同士の交流をも求め始めるのです。それは、今どきの言葉に置き換えると「コミュニティー」といえるでしょう。

「コミュニティー」は、人と人の関係や地域の将来を、国や行政の補助金でじっくり活性化していくときに使われることが多い言葉です。商売の現場で、「コミュニティー」を取り入れていては、商品はいつまでたっても売れず、接客には時間と手間がかかって手離れがよくありません。しかし、僕らが取り扱っているような商品は、しっかりと対話をして手に入れたいとお客から思われています。つまり、本当によい生活品をほしいと思うお客からは「コミュニティー」の要素が強く求められている時代なのです。

今後は、集会所のようなお店が生まれ、売り場はコミュニティースペースとなり、結果として商売を可能にしていくでしょう。取り扱うものや人の関心がより「本物」になっていくとき、売り場の「コミュニティー」化は、さらに加速していくことでしょう。

僕たちがロングライフデザインをテーマに、ショップとして定価販売をしながら、つくり手の思いを伝えてきて19年目になりました。本書は、これからのお店の、これからのコミュニティースペースのあり方を考え、整理する目的で書きました。ものがあふれている現代、そして未来に、売場のあり方を再認識するきっかけになったらうれしく思います。

ナガオカケンメイ

第1部
ナガオカケンメイが考える「伝える店」、D&DEPARTMENT

リサイクルショップを見ていたら、すべてがデザイナーのつくり出したものであり、そもそも、デザインって、消費されるだけでいいのかなと思った。

1998年ごろのことです。日本中、特に東京にリサイクルショップが急増しました。理由はどの角度から見るかが重要ですが、僕はデザイナーの目線で理由を考えました。「ものをつくりすぎている」「新商品が出るサイクルが異常に速い」「新型が欲しくなり、旧型を〈捨てる〉とは別の言い方で都合よく部屋からなくしたい」。そういうことだと思いました。ものへの思いがおかしくなっているのだと感じていました。大切に長く使うとか、修理して次の世代につなげるとか、これまでものに対してもっていた思いがなくなってきている。それはモノを生む人はもちろん、売る人の感覚にも問題があるように見えました。生む人は生活もあるから、そのスタイルを急には変えられないとすると、売る人が、生む人と本来のものの生み方、スピードをしっかり話し合いながら、意識をもってレジに立つ。また、売る人はお客さんとちゃんと向き合い、健全な生活のために、生活用品がどうなったらいいかを話しながら、急がず、無理なくでき上がるのを待って買ってもらったり、つくり出す人の現場を訪ねて、あぁ、あんなに手間ひまかけてつくっているんだから、大切に使わなきゃという気持ちを売る人自身が心に刻み合ったりしなくてはと。つまり、買う人、生む人の交差点としての売り場が、もっとしゃきっとしなくてはと思いました。

そこでまず、日本一のリサイクルショップをつくろう、と考えました。商品の価値のあるなしを判断する、商品引き取りのルールを「正しく生まれたデザインかどうか」にしました。「ああいう中古屋っていいよね」「あのリサイクルショップが引き取ってくれるようなものづくりをしたい」と、新しい商品を生み出すデザイナーが思ってくれるような店というか、場所をつくりたいと思ったんです。理由のある価格で販売する、意思のある店をね。

デザイン事務所を主宰しながら、週末、近所にあるリサイクルショップを巡るようになりました。新しいものについては、デザイナーとして、興味もあって見て回ってきたので、今度はその墓場と言ってはなんですが、最後に商品が引き取られていく場としてのリサイクルショップに興味がわいたのでした。

リサイクルショップには大きく分けて3種類あります。ひとつ目は冷暖房のついた快適な店内空間のいわゆる「一般人向けのリサイクルショップ」。これは最近のスタイルで、中古品に抵抗がなくなってきた消費者に向けたビジネスとして広がったもの。ふたつ目は、冷暖房はもちろん、もしかしたら照明すらないような「ガラクタ屋」。ここもリサイクルショップと言えます。ここは、先に書いたものの原型とも言えて、昔、中古品など目もくれなかった日本人全体に対して、それでも新品が買えない人のための、ちょっと闇っぽい場所。そして、みっつ目は業務用品ばかりを専門的に集めた「リサイクルショップ」。ここは最近になって一般客も相手にしてくれるようになりました。

そういう「デザインの墓場」を巡って、まだまだデザイン的な価値があったり、工夫次第では面白く家具として使えそうな業務用品を自分の小遣いで買っては、僕のクルマの小さなトランクに入れて運び、事務所の使っていないバスルームに置いておくということを繰り返していました。事務所のキッチンで軽く水拭きし、錆を落としたり、調子の悪くなったところを直すのが、当時の僕の週末の楽しみでした。そして、ちっちゃなバスルームがどんどん増える中古品でいっぱいになっていきました。その様子を見て、こういう店があったら面白いかもしれないと思うようになったんです。

011 第1部 ナガオカケンメイが考える「伝える店」D&DEPARTMENT

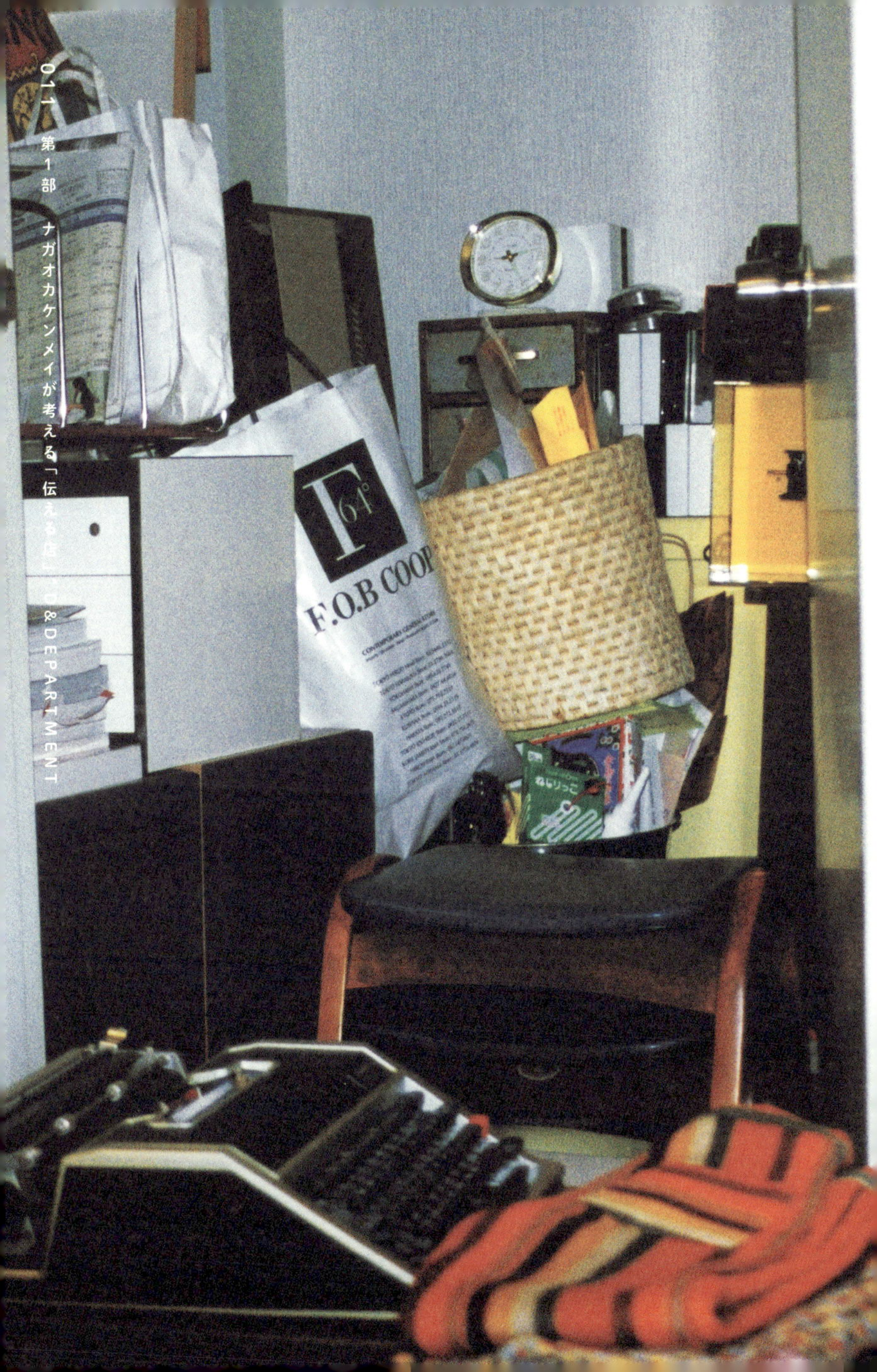

いよいよ事務所のバスルームにも置けなくなり、事務所内の自分のブースにも置けなくなり、廊下にあふれ出したあたりで、自宅を事務所の近くに引っ越し、そこに集めていこうと思いました。店をやってみたいけど、いきなり店をやるには僕は経験がなさすぎる。けれど、せめて、店に見えるぐらいのシミュレーションはやってみたかったのでした。

事務所から自転車で10分ほどの三田に広めのマンションを借り、自分もそこに引っ越します。自宅を引っ越すという感覚よりも、将来の店のための倉庫、自分が考えた微妙なセレクトショップの実験という気分でした。そんな感覚の場所に、リサイクル品はあっと言う間にいっぱいになり、実験的に7つの商品をウェブサイトに上げました。

1999年当時は、グラフィックデザイン事務所にウェブデザインという新たなジャンルの仕事が入り始めたころです。試しにウェブで売ってみようと思い立ち、ウェブストアをつくって、掲載したところ、瞬く間に売れてしまいました。そして、三田の自宅から事務所に、リサイクル品を持ってきては、簡単な撮影をしてコメントを書き、ウェブにアップ。お客さんからの入金を確認して丁寧に梱包し、手紙を添えて発送。これまでやってきたデザインの仕事とはずいぶん違うことを、仕事の合間にやる日々がこうして始まりました。

Drawing and Manual（図画工作）というのが、僕のデザイン事務所の名前で、その感覚と一緒になにか新しいものの見方を発見したいという意味で、社名の後ろに「and」を付け、その頭文字を取り「D&MA」という呼び名をウェブストアの名としました。そして、「近くにいるから、購入したリサイクル品を取りに行きたい」「もっと商品があるなら、その在庫を見たい」という希望が増えたことを受けて、週末だけ自宅をお店のように開放することになりました。

最初は、毎週末1組しかお客が来ませんでした。しかしだんだん増えて、3カ月もたつとD&MAは、週末の1日に30人くらいは来るちょっとしたショップになっていました。売れていった商品は補充しなくてはなりません。そこで中古のワンボックスカーを購入し、それを機に簡単な事業計画を考え始めました。

お客さんと対話しながら、その反響を肌で感じ、もし、本格的に店にするならもっと方向性を整理しなくてはならない。そう考えたのは、長くデザイン事務所で仕事としてやってきたブランディングの考え方があったからです。「面白いリサイクルショップ」では多くのリサイクルショップと競争しなくてはならなくなる。競争せず、本来目指したかったこと、つまり、買ったものはそう簡単に捨てない。もっと愛をもって接して、ずっと使ってもらえるものの価値を、僕の店の売り場を通じて共有する。そして、ホームセンターのように気軽に生活用品を買える場所自体が、センスと意思をもつことが、日本人の生活センスを上げることにつながる。そん

HIGHEST GRADE
MEDIA BAHN LIVE

な思いのこもった場をつくりたいと考え、コンセプトを「ロングライフデザイン」としました。

そして、店名が「D&MA」のままでは記号的、かつマニアっぽく見られると思ったので、目指す方向が伝わり、なんとなく業態もイメージできる名前を考えました。結果、昔の百貨店のあり方である、立地のよくない山の中でつくっている素晴らしいつくり手や、彼らのつくったものを、立地のよい場所で、多くの人に伝えるような意思のある売り場をイメージし、「D&DEPARTMENT PROJECT」（デザインと意思を伝える百貨店を目指し、その過程を含むすべてを公開していく店づくりの練習）としました。これらの考え方の整理は、僕に強く社会を意識させるようになり、店も「路面に面したものでなくては」と探し始めることになりました。

最初はデザイナーである自分の感覚に任せて、好き勝手にものを選んで並べる店をイメージしていましたが、よく考えると、自分はデザインの社会的な問題点と、ものを生み出すことの問題について取り組みたかったんだということにあらためて気付きました。日ごろから、仕事で企業の「らしさ」を整理してグラフィックデザインに落とし込む作業をしていたから、ここで立ち止まって、自分の考えを整理できたんだろうと思います。そして、自身の個性ではなく、社会的な問題に向き合う場としての店をやってみたいと思うようになりました。

2000年春、いよいよ物件探しを始めました。コンセプトが「百貨店」だったので、最初は誰でもわかる交通の便がいい場所を見て回りました。そして山手線の渋谷駅と恵比寿駅の間に絞り、最終的にはとてもいい170坪ほどの物件を見つけたのです。ところが、ここは「飲食不可」。当初から、販売コーナーと合わせて、カフェもやりたかったのですが、あまりに魅力的な物件に、「まぁ、カフェはいいか」とやや諦め、1日も早くD&DEPARTMENT PROJECT（以下D&D）の看板を掲げたいと気持ちが高まっていました。

しかし、心の中に小さなシコリが残っています。引っかかっているのは、「わかりやすい場所」と「カフェができない」という2点でした。それは僕の中では「デザイン」に対する引っかかりそのものでした。流行をつくり、大量に消費させ、ゴミもつくり出してしまうデザイン。専門の壁に守られ、一般の人たちから理解が得られなくても「みんなのほうがわかってない」と言いかねないくらいの強引さが、僕の中の「デザイン」の印象であり、問題でもありました。「わかりやすい場所」は大量生産に、「カフェがない」は専門業界に守られ、一般の人を相手にしない様子に、それぞれがオーバーラップしていました。

そう思いながら、夜中にクルマで世田谷区の環状8号線が走る東京の外れあたりを走っていたとき、現在、東京店として使っている物件を偶然発見。翌日、急いで不動産屋に見せてもらうと地下100坪、1階200坪、2階200坪の計500坪もの広さ。そのとき、使っていたデザイン事務所が約40坪。三田の倉庫兼自宅が同じく40坪。最有力候補の恵比寿が170坪ですから、その体育館を思わせる広さは、これまでと大きく違っていました。しかし、路面店であること。カフェもできること。なにより広いこと。そして、デザイン事務所も一緒に同居できること。このときが、こうした利点と、「立地が悪い」という問題点について向き合う大きな転機となります。

「百貨店」のイメージなのに立地が悪い。そこについては今、正直に振り返ると、深く考えていなかったと思います（今は、目的をもって来店してほしいので、あえて立地の悪いところを選ぶこともあります）。ただ、このとき僕の中にあった思いは「昔の百貨店がもっていたであろう『意思のある売り場』をやるんだ。その意思さえあれば、どんなところだろうがお客さんは来てくれる。僕らの意思が伝われば、お客さんも意思をもってきてくれる」という考えでした。そして、6000万の大借金をして物件を借り、D&Dはスタートするのでした。

2000年、オープン当初のD&Dは、今考えると一見、普通のリサイクルショップに見えたと思います。仕入れ価格が新品と比較にならないくらい安いリサイクル品は、たちまち広い店内を埋め尽くしました。しかし、デザイナーによるその微妙な品揃えは、普通のリサイクルショップとは大きく異なっていたため、今までリサイクルショップに来ていた人たちを寄せ付けませんでした。と言う前に、そもそもお客さんがまったく来ません。これは笑い話でもありますが、初めはどうしてお客さんが来ないのか、僕にはわかりませんでした。しかし、すぐに「知らないのだから、来ない」という、根本的なことに気付きます。自分たちにとってそれほど立地が悪くないと思っているこの場所が、途方もなくわかりづらいのでした。そして「ＯＰＥＮを知らせる」とはなにかについて、あらためて話し合ったりもしました。

僕は、売り場づくりに没頭し、平日のほとんどの日を売り場で寝泊まりしていました。仕入れてきたグラスは徹底的に洗い、ひとつひとつ、最後の仕上げ前に自分の口で水を飲む。汚れているだけで捨てられてきたデザインのいい食器たち。洗っている自分たちがまず、「この食器たちは大丈夫」と思うこと。普通なら用途がわからなくて捨てられてきたものたちを、デザイン感覚で工夫する。見せ方、使い方の提案をしながら、お金をかけずに店内に並べる。

Ｄ＆Ｄの開店から瞬く間に３カ月が過ぎました。しかし、お客さんはひとりも来ませんでした。カフェにも誰ひとりいない。そのうち、スタッフ同士がカフェのテーブルでモノポリーをやり始める。雪が降ってきたので、雪合戦をする。それくらい誰も来ません。

ある日、雑誌に掲載されたことがきっかけで、とうとう初めてのお客さんが4人来ました。その日はこの4人だけでしたが、知人・友人ではない「自分たちが知らないお客さんという人」と出会ったことで、その現実に震えました。きっと、誰も来ない3カ月があったからでしょう。

デザイナーは、かっこいい「コンセプト」をつくれば人が押し寄せ、ものは売れると思っている。僕も心のどこかでそう思っていたところがありました。しかし、現実はそう甘くはないと感じていました。

ある日、商品の配送から戻ると自分たちの駐車場に知らないクルマが止まっています。店には来客用の駐車場はありませんが、クルマで来たお客さんが止めたのでしょう。そのとき、僕は「店の駐車場と書いてないのに、自分のクルマを勝手に止めるとは、なんて非常識な人だろう」と思いました。また、こんなこともありました。そこそこ仲のよかった知人にスタッフの接客が悪いとクレームを付けられたことがあります。知人でも、店に来ると「客」と「店員」の関係になるんだと痛感しました。そこには大きな隔たりがあります。この日から、「客と店員」「客と店」の間にある距離を考えるようになりました。商売とはその距離のことなのかもしれないと。デザイナーとしてパソコンの前にずっといたら、一生考えもしなかったことです。「家と店」「客と客」そして「客と店」「客と店員」。その間にあるさまざまなことを工夫して、温かい関係にすれば、店や客の壁は超えられないかもしれないけど、お客が店で手に入れたものを大切にしていく気持ちがつくれるのではないかと思いました。

D&Dに来たことで、「デザインに関心のない人」が、「デザインに関心をもって帰ってくれる」ために。

デザインに最初から関心のある人に、デザインで有名なものを売るのは、言ってみればとても簡単なことです。たとえば、柳宗理さんがデザインした「ステンレスケトル」は、デザインが好きな人のほとんどが知っているやかんです。ところが、そんなお客さんでも、実はそのやかんとしての性能は詳しく知らない。ただ、柳宗理のデザインがかっこよくて欲しいと思うから買っているのです。

昔の著名なデザイナーはよく言っていました。「自分の著名性でものを売ってはいけない」と。その商品にデザイナーの名前を付けて販売するということは、本来の生活品としてのやかんに向き合わず、デザイナー名という記号でものの価値を簡略化してしまう販売で、それはよくないと考えています。

はっきり言って昔のデザイナーと今のデザイナーのものに対するスタンスは違うと思います。昔は、その製品のさまざまな責任をデザイナーも背負っていました。そして、誰よりも製品の品質や、使うシーンに詳しかったのもデザイナーで、その人のつくったものは文句なしに、どれをとってもきちんとした生活用品として保証されているような感覚がありました。と、僕の考える「こうあるべきものづくり」のことばかりを大声で言っていると、気難しくて専門的すぎて、「デザインと自分は関係ない」と感じてしまう人を大量に生んでしまい、本当に伝えたいことが伝わりません。

D&Dを立ち上げた当初、「D&Dは、ホームセンターがかっこよくなったものであればいい」と僕が考えた背景、つまり、「なにか足りないものがあったら、あそこへ行けばいい」くらいの気軽さで、目をつぶって買っても、デザインと品質がよく、つくり手の思いもしっかり込められた商品が並ぶ店。社会問題をいかに隠すか、そして、一見、やさしそうな雰囲気でありながら、気が付けば「いいもの」ばかりを買っている。D&Dをそんな場所にするためにいろいろ工夫しています。

たとえば、カフェを併設しているのはそのひとつ。社会問題や専門的なデザインの話より、おしゃれでおいしいものを食べられる場所でデートしたほうが楽しいでしょう。

正しさを持ったデザインの名品たちは、最終的にデザイナーの名前が最前列に出てしまう。すると、次から生活者はデザイナーの名前を頼りに買ってしまう。やがて、大したこともない有名なだけのデザイナーの製品と区別がつかなくなる。

「あそこに行けば、何を買っても大丈夫」と信頼をもって言われるようになることと、D&Dの名が知られていくスピードのバランスも気にしていました。実体がないのに、名前だけ先行していくことが、いちばん怖いと思っていたからです。僕たちが店の正式名称「D&DEPARTMENT PROJECT」に、あえて「PROJECT」を入れている理由は、「どんなにお気に入りの店でも実験中だと思って疑い、いい店づくりを目指している店なら、お客もその過程に参加しよう」とお客さんに思ってもらいたいからです。

D&Dが店舗で「d勉強の会」をやっているのもそのためです。そして、いちばん感じてほしいのは、「創業者のナガオカケンメイや、D&Dのスタッフだって、知らないことは山ほどある。しかし、がんばって知ろうとしている」、という様子をさらけ出して、一緒に奥深いデザインの世界に興味を持ってもらいたいということです。

専門的なものほど、うわべの名前だけですまされてしまう傾向があります。業界用語を使えば、なんとなく知った気持ちになれるし、なんとなくすごそうに聞こえます。でもそれでは意味がない。デザインに関心のない人に、いいデザインだということを教えてあげるためのわかりやすい工夫。それを目指しています。

東京、大阪で直営店をつくった。主要6都市に店を出せば、考え方が一気に広まると思った。でも、それではただの利益追求型の多店舗展開だと気付いた。

「D&Dは、ひとつのプレゼンテーションでなければならない。ナガオカケンメイ個人の趣味的な商店ではなく、社会に対する問題意識を〈売り場〉の形で提言する。それには、人口の多い大都市圏に出店していかなくてはならない」。ずっと疑うことなくそう思い、信じていました。だから、銀行から大きな借金をし、世田谷区奥沢に500坪もの場所を借りました。そのころはまだ、本業であるデザインの仕事があり、会社の収入はデザインの仕事から得ていました。デザインをして、お金を稼ぎながら、D&Dを理想の場所とするべく、つくり込んでいったの

D&DEPARTMENT PROJECT OSAKA
ECT

です。そして、2店舗目はニューヨークに出そうと決めました。理由は単純です。日本人は外国からのメッセージに強く反応するからです。だから、無理をして追加の資金調達をしました。ニューヨークに場所も決め、店長も決めたあたりから、さまざまな問題が起こってしまい、実現できなくなりました。残念でしたが、それをきっかけに、まずはしっかりと日本にD&Dをつくっていこうと思いました。そして、東京店オープンから2年後の2002年、大阪に2号店をつくりました。

にぎわう東京店の様子を見て、1週間に1件ぐらいの頻度で、さまざまな法人、個人から、D&Dを自分の故郷でやりたいという連絡をもらうようになりました。しかし、僕たちの手づくりで、しかも、お金をどんどんもうけるという発想がない店でもあり、提供できるわかりやすい「ノウハウ」も蓄積されていない状態でしたから、絶対に他人にはできない、再現できないと思い、すべてを断り続けました。しかし、そんな外からの注目は自分たちがやろうとしていることが、やはり「自分たちだけの世界を自分たちでつくればいい」ということではなく、社会的に受けとめられているということを、再認識させられました。ちょうど、2店舗をつくり込むことで借金の限度額もきてしまい、この外部からの期待の意味、実際の手応えを、深く考える時間を得ました。これからは、まったく知らない土地の人と、D&Dをやっていく。なんとなくですが、2店舗をつくり終え、そう思いました。

どうしてD&Dをやりたいと思うのか、あらためて自分たちでも考えてみる。

全国からD&Dを自分の故郷でやりたいという連絡を受け、多くの方々と面談のようなことを続けた時期があります。最初は東京から発せられる、なんとなくかっこいい新業態に対する興味から、やりたいと言っていっているのだと思っていましたし、正直、僕らも自分たちのD&Dをそう思っていました。すでに、東京店オープンから、2年ほどたっていましたが、自分たちですら、その当時はD&Dのことを「新しい販売スタイル」を行う店という認識でしかありませんでした。

しかし、外部からの提携申し込みに対応する過程で、パートナーショップのルールを意識していくことになります。このルールは、D&Dをやりたいという外部の方のために考えていったものですが、ルール自体はなるべくシンプルでありたいと思い、将来的にはそれぞれの店の解釈や、その土地ごとのアレンジがあってもいいなと思っていました。今でも使っているパートナーショップの核となるルールとは、「ナガオカが選んだものを取り扱う」「その土地のロングライフデザインを紹介、販売する」「カフェを併設する」の3つです。

今から振り返ると、全国からいただいた「地元でD&Dをやりたい」というオファーの背景には、こんなことも理由としてあったのではないかと思います。ひとつは東京から発信される、コンビニエンスストアのような同じスタイルを展開する商業形態の限界。どんなに華々しく「都会からやってきました!!」と地元でデビューしても、もってせいぜい3年。開店・閉店を繰り返すことは、その土地、故郷にとってなんにもならないと気付き始めたのではと思います。

消耗戦のようなことを繰り返すよりも、少しずつだけど地元のみんなのためになるもの。しかし、ある程度、PR、デザイン、商品の選定、世の中の動向も多少意識したリアルな欲求への回答を用意するなど、東京のやり方も都合よく取り入れたい。自分たちに都合よく、あるときは地元優先、あるときは東京の力を借りる……。オファーをくれた人たちは、なんとなく「D&Dならば、そのようなことができるのではないか」と、D&Dの店のあり方や、パートナーショップのルールの中で感じとったのだと思います。

しかも、「d勉強の会」や「東京で立案された展覧会やイベントの巡回」など、地方だけで

IPPON VISION

はなかなかできないことが回ってくる。それらは、刺激の少ない地方において、定期的な集客要素になる。また、自分の考えや気付きを発信をしたいと考えるその土地のリーダーにとって、キーワードとして「東京」を手に入れられることは、どこかバックアップを得たようなことになるのかと思います。

D&Dのパートナーショップは、それぞれの店舗名を「D&DEPARTMENT＋その土地の名＋やる人の会社の名」にしています。北海道店なら「D&DEPARTMENT HOKKAIDO by 3KG」だし、鹿児島店なら「D&DEPARTMENT KAGOSHIMA by MARUYA」です。これも東京の仕組みをうまく利用しながら、自分たちや故郷を進化させていくことの象徴のように見えたのかもしれません。

東京の「かっこいいスタイル」が通用しない大阪店。ルール化できないリサイクル品の仕入れ基準に悩んだ大阪店づくり。

D&Dの2店舗目となる大阪店は、東京店で培ったノウハウですんなりとつくったものではありません。これは僕がデザイナーを本格的にやっていた時代に、自分で発見した「3つ並べる理論」からきています。簡単に言うと、ひとつではわからないものは、ふたつ並べ、もうひとつ足して3つ並べるとわかってくる、ということです。僕が企業ブランディングの仕事をするときも、よくこの考え方を使います。つまり、1号店の東京店を成長させ、D&Dが持っているミッションをより明確にするためには、どうしても離れたところに2店舗目を、そして、3店舗目を並べて全体として見せたかった。結果的に3店舗目の札幌店ができたことで、D&Dを47都道府県につくることを決心したり、そのために改善しなくてはならないことも見えてきました。

東京店をオープンさせた2000年当初は、単純に「全国展開したい」「各主要都市に支店をつくりたい」と、ある種の既存の成功イメージにとらわれていたところもありました。2年後の大阪店のオープンの際にも、実はまだ、「自分たちには、日本のいろいろな地域にむけて働きかけをしていきたい」という大きなミッションがあることに、気付くことはありませんでした。しかし、このとき大阪店立ち上げで無理をしなければ、僕はこのことを理解することはなかったと思います。

大阪店をつくったときは、D&Dにとって欠かせない条件を東京店で構築した上で臨めたわけではありません。まだ既存のデザインの理屈、つまり「かっこいいスタイル」に執着したまま、大阪に東京スタイルを持ち込んでやろうと思っていたんだと思います。でも、大阪店をつくってみて、すぐにそれが通用しないことを痛感しました。

当初、3階につくったレストランには、ほとんどお客さんが来ませんでした。いろんな理由が考えられますが、大きくは「大阪の流儀」に合わなかったのだと思います。「わかりにくいことはダメ」と、大阪の人からよく言われました。しかし、2年間ほどそのままがんばると、今度は満席が続くようになりました。このときも大阪の人からは「面白いヤツ（スタッフ）がフロアにいるから」と言われました。もちろん、オープン半年目にはあまりの集客の悪さに心が折れ、大金を投じて3階のレストランを1階に下ろそうと本気で計画もしました。「面白いヤツがいるから」店に行く、という大阪独特の価値観に、最初は東京のスタイルがぶつかったように思えました。

大阪は商圏として大きい割に、「かっこいいもの」の価値観が、東京のメディアがつくり出すものとずいぶん違うと感じました。大阪に進出するまで、東京のスタイルのままやっていけると思っていました。大阪店のあと、札幌にパートナーショップをつくったことで、当たり前ですが「その土地ごとに、やり方、考え方、価値観が違う」ということを体感したことで、地域、地方について、かなりリアルに考えられるようになっていきました。

大阪店をつくるにあたっての難題は、大阪のリサイクルショップから仕入れてくる一点もののリサイクル品の選定基準をマニュアル化することでした。有名な商品は仕入れの可否をルール化しやすいのですが、「名はないけれど、いいもの」というリサイクル品について、スタッフ全員がブレなく判別するための基準をつくることができないのでした。これはどこか柳宗悦が「民藝運動」でやっていた、その土地の土着的な生活雑器の「いい、悪い」を判別する目利き行為に似ていると思いました。時代は変わり、「名はないけれど、いいもの」の掘り起こし場所がリサイクルショップになり、僕たちは、リサイクル市場の中からいいものを探し出すのです。

結局、D&Dで仕入れるべきリサイクル品のルール化の代わりに何をしたかというと、根本的な考え方を勉強会というスタイルでスタッフたちと共有していくしかないと思いました。激しい勢いでものが生まれ続ける時代では、ややもすると著名なデザイナーのつくった製品が自動的に「いいデザイン」となってしまいます。そうではなく、無名であっても「いい」を判別するには、表面的な形ではない「考え方」のところから追っていかないといけないと考え始めました。

長く続いているいろんな製品を無作為に勉強会のテーマに選び、その製品にかかわった当事者をお招きしてトーク形式で勉強する。当初はスタッフだけのものでしたが、少しずつ、店の常連さんを誘ったりしているうちに、一般公開するようになっていきました。同時に僕は「ブログ」を本格的に書くようになりました。東京店、大阪店とスタッフが分かれていたので、遠く離れたところで働くスタッフにも僕の考えを伝えるためです。

今までにない新しい形の場所、「伝える店」を定着させるために、意識してやったこと、やらなかったこと。

D&Dで販売しているものは、他のところでも売っているものです。特にD&Dでしか入手できないというものは取り扱っていません。それには少し理由があります。「私たちは何を売っているのか」という究極の質問を自問自答するとき、D&Dの「商品」とは「つくり手の思いを伝えること」そのものという答えになります。つまり、「思いを伝えることでお金をもらう」。なんとも不思議でしょうけれど、D&D以外でも手に入るいいデザインで生計を立てるには、店で扱うものやその周辺の魅力をどこよりも楽しく、ためになることとして、お客さんに提供できなくてはなりません。もちろん、「売り値を下げる」なんてことは、「伝える」手間を省いて、手っ取り早くお金に変えるだけの行為で、なんにもならないと思っています。価格を下げたり、セールをするというのは、購入する人たちだけが得することであって、つくり手やその製品をとりまく生態系の継続を考えたとき、安売りした歪みは必ずどこかに影響します。たとえば、服飾業界では「新商品の発表」→「トップシーズン・流行」→「セール」で回っていますが、結果として服の本質や深みがなくなっていきました。

「つくる人」「売る人」「買う人」のすべてがハッピーでないと、ものの大切な本質は育っていきません。自分は生活者だからといって、他のふたつの存在のことを考えないでいると、結果として自分の地域や国が貧しいものになっていきます。それをイメージすることが大切だと思います。

もし、D&Dがオリジナル商品をつくるときがきたとしたら、それはD&Dでしか手に入らないものをつくって、独占的に商売してやろうということにはならないでしょう。今、自社で出版している、デザインから旅を考える雑誌『d design travel』などは、全国の書店で販売するために、僕たちが支払わなくてはならない流通コストは膨大です。オリジナル商品をD&

D以外の場で全国販売するための流通コストを考えると簡単には企画できませんが、D&Dのパートナーショップが増えてきたら、自分たちの売り場を中心に販売することで、多くの人の手にわたる企画を実現できる。いつかは「生活品」でそれをやってみたいと思っています。

すでに展開していた「60VISION《ロクマルビジョン》」を見た行政の人から、その方法論は47都道府県のものづくりの問題解決にも当てはまるのでは、と言われ、47の日本の地域を意識し始める。

よいデザインを扱うリサイクルショップとしてスタートしたD&Dは、始めは「正しい生活デザイン用品」を積極的に買い取り、その価値をひとりでも多くの人に考えてもらうための店でした。当初は古物商免許を持ち、リサイクル品中心の品揃えでしたが、自分たちが言っている「正しいデザイン」について、実は明確に「なにが正しい」かを、説明しきれず、さまざまな前例をたぐり寄せて考えていました。

ひとつは日本産業デザイン振興会が運営するグッドデザイン賞、通称Gマーク。Gマークの選定基準の中にある「ロングライフデザイン」という考え方。何十年と長く製造・販売され、生活者に支持され続けているデザインも「いいデザイン」のひとつなのではと思いました。そして、もうひとつは、中古市場や全国のリサイクルショップを巡って仕入れをしていると、グラフィックデザイナーの僕が見ても美しく、流行に左右されない家具や食器が必ずあることにも気付きました。

そして、Gマークの中からロングライフデザイン賞に輝いたものを取扱い始めると同時に、ある企画を考えました。それが、「60VISION《ロクマルビジョン》」です。

中古市場でよく見かける、形の美しい家具や食器を調べていくと、どれも共通して１９６０年代に製造されている。１９６０年代は世界的にグッドデザイン運動が起こった時代で、戦後復興がひと段落し、今度はしっかりと考えられたデザインで生活を豊かにしていこうという時代。ただ量産したり、ヒットさせるだけでなく、製造業者も生活者も、グッドデザイン運動を推奨した国も、「いいデザイン」に対して一定の意識をもっていた。そんな背景を知り、すでに製造中止になった１９６０年代の中古家具や食器をリサイクル品として販売しながら、それらのメーカーにみんなで復刻して、みんなで企業の創業時の原点を見直すブランドとしてはど

60
VISION
KOTOBUKI

うかと提案。「60VISION」の名で12社の参加企業とともに原点ブランドとして展開しました。

２００７年のある日、三重県の行政の人から「60VISIONは企業の原点、らしさを見直しながら、生活者に商品を使ってもらう形で広めている。今、47都道府県の地場産業も、原点を見直し、その土地らしさを再確認しなくてはならなくなっている。60VISIONの経験を地場産業に当てはめて、講演してはもらえないか」との依頼を受け、講演のタイトルを「NIPPON《ニッポン》 VISION《ビジョン》」と仮にしながら、そのための準備をしているうちに、地域の産業にとって、とても重要なことであると気付きました。

三重県での講演をきっかけに、いろんな地域から講演依頼を受けるようになりました。しかし、どんなに僕が壇上で熱弁をふるっても、それが、自分が拠点としている東京で考えられたコンセプトにすぎないということも、感じていました。地方の行政担当者は都会からデザイナーなどを講師として呼び、少しでも地場産業の活性につながればと考える。しかし、次から次へとそんな講演が組まれ、一時的な刺激にはなっても、実際はなにも起こらない。ある地方都市で、講演を終えて壇上から下りようとしていたとき、司会者が次回の講演予告をマイクでアナウンスし始め、とても空しく思いました。しょせん、自分はよその人間です。どんなに熱心に壇上から考えを伝えても、その地域の人たちから「実際に問題を解決しようとしていない」と思われていると感じました。もっと地場産業が抱える問題を実際に解決していくには、日本の各地に、それこそ47の都道府県にひとつずつ、自分の考えとつくり手の思いを伝える場所としてのD&Dをつくらないと、つくり手と一緒に問題を解決できない、そう強く思いました。

伝統工芸や地場産業で有名な地域の多くは、実際に現地に行ってみるとその環境はとても過酷でした。その過酷さから、後継者不足になったり、若者が都市へ出て来てしまう。もし、自然が豊かな、そして、伝統工芸の歴史をもつその土地の中に、東京的な感覚の集会所があり、それが47都道府県にあることで、全国的な交流も生まれ、短期・中期の滞在交流も生まれたら、つくり手たちが自分の故郷にとどまり、自分たちの地域を若々しく変えていくだろうと思いました。適度な都会の刺激とセンスをもつ空間。ものづくりの緊張感も残したカジュアルなカフェ。そして、交流。

日本の47都道府県ごとにD&Dをつくりたいと、この行政の方からの講演依頼をきっかけに、切実に思ったのでした。

クラフトバイヤー、日野明子さんから日本のものづくりを学ぶ。

この三重県の会場でクラフトバイヤーの日野明子さんと初めて出会いました。僕らにとってまったく別の世界の人で、僕たちのデザインがプラスチックと最新テクノロジーで大量につくられるプロダクトデザインだとすると、日野さんの扱うデザインは個人の手仕事による1点1点が手づくりの漆器や陶器が中心といった世界。しかし、日野さんが、大手百貨店の元バイヤーだったことで、僕らと共通する問題意識があり、強くひかれました。

具体的に言うと、手工芸品といえども「シーズンを意識した百貨店からのまとまった発注」「都会のトレンドを無視することのない、需要にのっとった発注」などがあり、その発注の考え方は、プラスチックや金属素材が、土や漆に変わっただけのこと。その様子から、僕らのまだ知らない「デザイン」を、日野さんが扱っているのではないかと思うようになり、日野さんの地方出張予定を聞いて、できるかぎり、同行させてもらうようにしました。

日野さんから学んだことはたくさんあります。たとえば、日野さんは自分のことを「ひとり問屋」と言っています。その意味は「自分の責任の範囲」「伝えたいことが伝わる商いの範囲」を大事にしていることだと僕は思っています。いわゆる大量生産されたプロダクトデザインの世界ではなかなかできない思考ですが、近い将来、必ず少量生産された自動車や家電が登場してくる。そして、「デザイン」の意味や範囲も変わってくると予想する中で、日野さんのやっていることは、大きなヒントになると感じました。

また日野さんは、受ける取材の数やそのメディアの質にこだわり、自分自身はあまり前に出ません。あくまでも主役はつくり手であり、それもなるべく極端にスポットライトを当てないようにしている。そうしないと量産品の世界でおこる「トレンド・流行」が発生してしまい、いっときは大量に売れてもブームが去ったら売れなくなる。なによりも、日野さんのメディアに対する神経質なまでの接し方を見ていて、その根底には「長く続けるため」という強い意志を感じました。いいものをつくり続け、売り続ける。とても難しいことですが、日野さんは日本中の工芸産地で、そのスタイルを貫いていました。

最初は、たくさん売れること、たくさん発注を受けることがつくり手にとって、最もうれしいことで、有名雑誌に取り上げられることも喜ぶべきことだと思っていました。しかし、日野さんを通じて、一気に大量に売れるよりも、定期的に長く売れ続けることのほうが、つくり手のため、そして、産地のためになるんだということを学びました。それは、「来月までに100個つくって」という注文がくるよりも、「毎月10個ずつ、ずっとやりたい」といわれたほうがいい世界でした。

出店依頼が殺到し、対応する中で、多店舗展開するには、D&Dのやり方に問題が多いことに気付く。そんな中、初のパートナーショップを北海道につくることになり、D&Dのあり方を大きく整理する機会がきた。

施工業者の力も借りずに、自分たちで壁にペンキを塗って手づくりで立ち上げた東京店。その2年後の2002年に、東京から離れた場所で自分たちの考えているコンセプトを再現できるだろうかという意識をもって、無理をしてつくった大阪店。このふたつの場所は、僕たちの想像をはるかに超えた反響をもらいました。時代がカフェ、リサイクル、リノベーション、家具などのブームの中にあり、そのキーワードを次々と網羅しているような様子も、それを手伝ったと思います。そして、日本全国はもちろん、韓国などからも、提携や出店の問い合わせを多数もらいました。

大阪で、半ば実験のように行った東京店の再現。その過程で、僕たちには、コンセプトの面からも、商売の面からも、多店舗展開するためのノウハウどころか、ビジネスの方法、つまり「こうすれば、これだけの収益が見込める」という仕組みがないないことに、あらためて気が付くのでした。

一方で、自己資金をすべて使い果たし、あらたな借金もできない中、「3つ並べる理論」を実践するにも、3店目を自分たちの力だけではつくれない現実がありました。47都道府県にひとつずつD&Dをつくりたいけれど、すべての店舗を自力でつくれないという状況下では、もっと冷静に考えて（本当はやりたくないのですが）、「投資と回収」「僕たち東京本部から提供できるもの、ことの整理」「マニュアルづくり」をするべき、という考えが頭をよぎります。「そもそも金もうけがしたくて店を立ち上げたわけではないという意識」と、都道府県ごと、つまり「47店を経営的に成立させるというビジネス」の矛盾というか、最初からわかっていそうな大人な現実に直面していたのでした。どうしようかと悩んでいたとき、現在のD&DEPARTMENT HOKKAIDO by 3KG（以下、D&D北海道店）のオーナー、佐々木信さんと出会ったのです。

佐々木さんは札幌で、3KG《スリーケイジー》という、ウェブデザイン、グラフィックデザイン、映像制作などのデザイン会社を主宰する33歳（当時）。僕の大人な悩みに対して、まず、僕のデザイン会社と、デザインの守備範囲が同じという同業者の立場から打ち解けました。彼もD&Dを面白がってくれて、実際に札幌でやるということに対しては、デザイナー的な勘で、つまり、センスのよいことをやれば、センスのいい人たちが集まってくると信じていました。それは、佐々木さんたちが、ロンドン発の国際映像展「ワンドットゼロ」などを自力で札幌で開催するなどの感覚と同じでした。つまり、自分と同じような感覚の人が、なにを求め、なににだったらお金を払い、どんな感覚の企画ならその場所に集まってきたいか、ということが見えていたのでした。

自分たち以外の方々がオーナーとなるパートナーショップスタイルでD&D北海道店を始めるにあたり、佐々木さんはかなり特殊な例になると考えていました。彼と長く話し合ううちに、ショップオーナーには、デザイナーとして事務所を運営しているような「デザイン感覚の共通理解」がないと、もしかしたらD&Dのパートナーショップにはなり得ないのではないかと話したりもしました。

数回の札幌訪問、店舗候補の物件の内覧を繰り返しながら、佐々木さんを通して、D&Dのパートナーショップのスタイルを整理していくことになりました。D&Dをその土地につくり、昔からその土地に長く続いていることやものを若い人たちに紹介したり、買ってもらったりすることは、ただ単に空間がデザインされていたりすればいいということではありません。20～30代が普通に使っているものや、感覚を伝えるようなコミュニケーションができないと、彼らは興味を示しません。フライヤー（チラシ）やウェブデザイン、映像表現、店頭に置く商品紹介カードにいたるすべてに、ある一定以上のクオリティーが必要です。また、チェーン展開していくブランドのフォーマット化された表現自体、感覚が日々進化する彼らにとっては退屈に感じられてしまうかもしれません。この時期、悩みつつも、D&D札幌店立ち上げに向けて、D&Dのあり方や意義を大きく整理することができました。

D&Dは、昔からある、その土地のすばらしい個性を、最新の感覚で翻訳し伝える場所です。パートナーショップ各店への最低限のルールは、大きく次の3つです。

「1　僕たちが選んだロングライフデザインの商品を販売すること」
「2　あなたの土地に長く続くこと・ものを継続的に紹介・販売して、ワークショップなどの集まりを行い、交流の場となること」
「3　飲食スペースをもつこと」

をクリアし、後は独自の表現を創造して、その土地らしい店をつくることです。

そして僕たちがパートナーショップをサポートできることは、物件選びや店づくりのアドバイス、リサイクル品の仕入れノウハウ、店長研修など、立ち上げの際の全般的なこと、そして立ち上げてからは主に、D&D各店共通で運用するウェブサイトや広報活動、共有する資材の提供、イベントや展覧会の巡回などになります。コンビニエンスストアなどの大手フランチャイズチェーンに比べると、正直、D&Dの東京本部ができることは、少ないと思います。サポートするばかりではなく、僕らが苦労してつくり上げた「D&DEPARTMENT PROJECT」というブランドイメージの暖簾貸し代として各店からロイヤルティーをいただくなど、本部とパートナーショップの間で、現実的なお金のやりとりもあります。しかも「こうすれば、最低でもこれだけの利益が出る」という保証はできません。

こんな枠組みにもかかわらず、佐々木さんはD&D北海道店の立ち上げに向けて休むことなく前進し、10カ所以上の物件を内見、3階建てのビルを丸ごと借りることを決めてしまいました。佐々木さんも僕もまったく想定していなかった大きな規模の物件です。

佐々木さんは、自分のデザイン事務所3KGを2階の一部に置き、3階は店が軌道に乗るまでは倉庫に使い、内装には手をかけないことにしました。1階の半分と2階の一部がD&D北海道店の売り場。１階の半分には彼らがよく通っていた同世代の女性が運営するカフェを口説き、テナントとして入ってもらい、２００７年11月、ついにパートナーショップ第一号として「D&D北海道店」を完成、誕生させたのでした。

なんとか形にして、スタートを切ったD&D北海道店。東京本部から長期出張したスタッフは、初めてのパートナーショップに付きっきりでした。D&Dとして共通で使っているグレーの工業用スチールシェルフをベースに、カリモクのソファなどの60VISION商品、ロングライフデザインの文具をきれいに陳列。全店共通の商品説明カードを付ける。北海道中をクルマで回って買い付けてきたリサイクル家具は、北海道店のスタッフと一緒にリペアして店頭に配置。それが売れると、その日の閉店後に店内のレイアウト替え。バーコードを使い商品の販売管理をデータ化できるPOSレジを入れるのか、入れないのか。高価なPOSレジを導入しないなら、日々の販売結果をどう管理するのか。北海道店の店頭で接客したお客さんが、最終的に僕らが運営するD&Dのウェブストアで買ってしまったらどうするのか。テナントとして入ってもらったカフェと営業時間、定休日をどう合わせるか、など、佐々木さんも、僕らもいろんな問題を次々と決めていかなくてはなりません。

EPARTMENT PROJECT SAPPORO by 3KG

さらに佐々木さんたちは、デザイン事務所として経営、つまり、デザイナー業もやらなければならない。日中はショップスタッフとして店頭に立ち、夜はデザイナー。リサイクルの家具が品薄になれば、店の定休日を使って仕入れに行く。定期的にトークショーやワークショップを企画し、社内外の関係者と打ち合わせをし、本部のウェブサイトに北海道店のイベント情報をアップ、店頭のフライヤーをつくって、参加者募集。当日はマイクなどの機材の配置から、参加者の人数分の大量の椅子を準備、もちろん終了後の片付けも……。

D&Dが目指している、つくり手の思いを伝え、正しいものづくりを伝える店としての活動の前に、普通の生活雑貨店・飲食店としてしっかりビジネスを成立させなくては回っていきません。そういう意味では、小売店経営の経験があるほうが、お客さんに対してもしっかりした接客サービスが提供できるかもしれません。しかし、トークショーや、その土地に長く続くことを勉強する会などの企画では、関係する外部の方との打ち合せなどで、いかに自分の土地が好きか、いかに、D&Dという装置を駆使して、新しい伝え方を工夫できるかということに直面します。

ものづくりを長くしている人は、大抵、口数も少なく、頑固です。こちらの情熱がきちんと伝わらないと、自分の仕事場以外の場所で自分の仕事の話をしたりしません。ましてや普段接することの少ない若者たちの前で、ものづくりの実演をしてほしいなどという依頼は、情熱をもって口説かなければ難しいところです。

ただ、ものが売れるだけではD&Dとしてはダメです。D&Dが考える商品は、売れるものよりも「売りたいもの」なので、中には、その魅力を伝えづらい、「売るには難しいもの」もあります。そして、売り場に並ぶ商品の約3分の1は、本部ですら売った実績のない、その土地ならではの個性がある商品となっています。

自分たちの意識を伝えるD&Dを続けていくためには、とにかく日々、新しい柔軟な発想で立ち向かわなければなりません。

D&Dは、他の土地にいる仲間と悩みも共有するネットワーク。

D&Dをやるということは「その土地の個性をデザインの感覚を使ってわかりやすく伝えていく」ことです。このテーマを将来的には、47都道府県に1店ずつできたD&Dがそれぞれ考えるわけです。

店の場所や大きさもそうですが、自分が育った故郷の個性、らしさとはなにか、それが表現されている伝統工芸や祭り、新しいムーブメントをどう展示し、観光客にガイドするのか。何を手渡し、何をどう展示するか。ときにはゲストを呼んで、どんな講演会に仕立てるか。そうすると、同じようなことに取り組む他県のD&Dが、気になってくるでしょう。お互い、連絡を取り合い、情報を交換し合う。

パートナーショップだからといって、そうしたひとつひとつが完璧なマニュアルになっているわけではありませんから、D&Dをやっている仲間が他の土地にもいるということは、とても重要です。他の県の成功事例をコピーするように持ってくるのではなく、考え方を共通させたまま、自分たちの土地や個性に当てはめて展開する。創意工夫を、他のD&Dとのつながりの中から聞き出して、自分たちでもつくり上げることができます。

D&Dとは、東京発の均一な多店舗展開ではなく、全国で同じようにD&Dをやろうと思った人たちとつくる、「その土地の個性を考えるネットワーク」です。

最初は東京本部が企画したイベントや販売コーナーを巡回スタイルで再現し、集客することから学ぶことが多いと思います。しかし、次第に企画の立て方、集客や広報のやり方などがわかってきます。そして、独自に企画展をつくり、地域に深く関わっていく。そんな仕組みです。

053　第1部　ナガオカが考える「伝える店」、D&DEPARTMENT

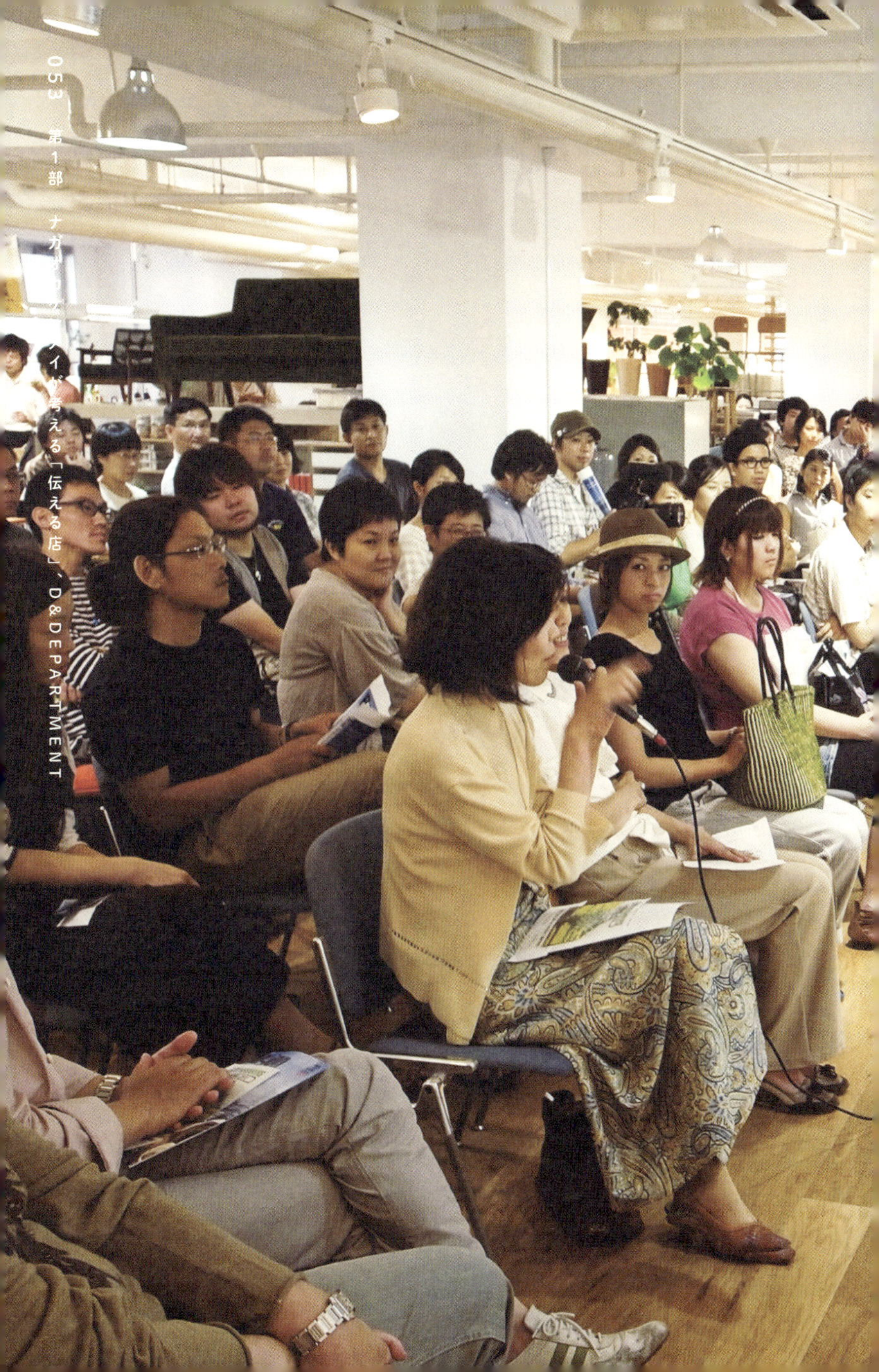

最終的には、D&Dを中心に、その土地の個性やものづくりを盛り立てるコミュニティーをつくってもらいたい。

実は二度、パートナーショップの立ち上げに失敗したことがあります。

うまくいかなかった理由はいくつかありますが、ふたつに共通しているのは、D&Dをやりながら、それとは別に似たような活動をするケースです。僕らから見ると、もう、D&Dみたいなことをやっているのだから、D&Dを始めなくてもいいのではないかなと思う会社や人たちがいます。商売もうまくいっていて、地域の人たちにも愛され、ゲストを呼んで、勉強会のような時間もつくれている。そんな人が、あらためてD&Dをやる。言い方を変えるとD&Dになる。そういうケースがありました。こちらは、運営方針の違いから最終的にパートナーを解消することになりました。

また、D&Dをやったことがきっかけで、何かが見えてきて、違う屋号で、似たような活動を始めたケースもありました。さらに、D&Dにきた依頼をその人自身の会社で受けたときの規制も、なかなか明確にはできず、お互い話し合ってパートナーを解消しました。

また、これは僕ら側の原因なのですが、一般的なフランチャイズ出店の経験がある人にとっては、頼りない本部だと感じさせてしまいました。フランチャイズとは、各店オーナーに、明確な投資額を提示して、ブランドを貸し出し、一定期間で収益を生むノウハウ、オリジナルの材料や商品などが使える仕組みです。その代金として、各店オーナーは毎月の売り上げから事前に決めた数パーセントを、ブランド使用料、ノウハウ提供料として、本部に支払います。僕らにも、運営ノウハウや、「こうしたら、これだけ儲かるだろう」というデータもないわけではありませんが、それを前面に打ち出してはいないのです。もちろん、今後もこの「ビジネスとしての収支の保証」を大きく打ち出してまで、全国にD&Dを広げるつもりはありません。

それは、D&Dを47都道府県につくったその先に、D&D各店がそれぞれの地域の中心となって、その土地の人や地域のつくり手の個性を育ててもらいたいという思いがあるからです。地場産業でもある物産を販売したり、オリジナル商品を開発したり、しっかり企画されたイベントを全国的に告知したり、メディアの取材にもちゃんと受け答えができるようになったりと、そういうノウハウを習得してもらえば、D&Dではなく、自分の屋号を名乗ってもらってもいいと思います。

D&Dをやるということは、今すぐにはそのやり方がわからないから、D&Dにならって自分の地域を活性化したいということだと考えています。もちろん、最終的には本部とパートナーショップ間のロイヤルティーはなくなっていくのが当然だと思っています。

当初は、大阪店や、他の地域のパートナーショップに対して、東京店をつくった通り、そっくりにやってもらいたいと思っていました。なぜなら、東京発の「伝え方」を地方でやることが最大のインパクトであると思っていたからです。しかし、それは大きな勘違いだったことに気が付きます。

東京は多くのメディアや専門性に保護された街。人口も多く、発信力も説得力ももっています。文化人、知識人も多数いますし、政治の中枢でもある。世界との競争の原理を学ぶ都市としての東京は、日本の中心、成功の鍵を独占する都市。だからこそ、それを利用し続けることは価値があると、僕らも思っていました。極端な話、困った人は東京に来ればいいし、何か伝えたかったら、上京して活動すればいいと考えていました。

しかし、これからの日本に大切なことは、東京にあるような仕組み・考え方を利用して、それぞれの土地の魅力を継続的に引き出す仕組みをいかにつくるか、だと思うのです。それは地方を東京化するということではありません。東京的感覚で地方の個性を整理することです。結果として、僕たちがD&Dとして提供するのは、都市型の広報力、ウェブサイトなどの管理センス、マーケットをある程度分析したその土地らしい商品開発と、販売のお手伝い。そして主なターゲットとする20~30代の人が普通にかっこいいと思えることを取り入れる感覚です。

今は、最終的にでき上がる各土地のパートナーショップとしてのD&Dは、僕たちが2000年代につくった東京店や大阪店とは違っていて欲しいと思っています。すでに、その動きは、スターバックスコーヒーのような大手のチェーン店でも見られます。大都市発の同じ顔を日本中につくって、地方に都市と同じものを移設するという考え方ではない、その土地の個性とつながるような店舗づくりは始まっているのです。

地域や産地の中心になる「伝える店」という考え方。

ある県の伝統工芸は、東京から来た有名デザイナーによって商品の方向性から発表のスタイルにいたるまでのディレクションを受けていました。東京に住む僕もそうですが、日本中のデザイン関係者の多くがそのブランドがとてもうまく行っていると思っていました。もちろん、そう見えるのは、いっときの華やかな瞬間を新聞や雑誌に多数掲載されたことによるもので、実際にその土地に行く機会があり、当事者であるつくり手のみなさんと話をしていると、そこには想像もしていなかった厳しい現実がありました。

強い結束によってその伝統工芸を支える若手中心のチームができ、次世代のリーダーたちに見えた彼らも、実は食べていくために厳しい条件の仕事を数多くこなすことにとても忙しく、みんなで集まることなど、めったにないと聞きました。そして、そのような話は、この産地だけのことではなく、日本中で同じようなことが起こっていたのでした。しかも、プロジェクトを動かす原動力は、国や地方の短期的な助成金。必要なときや必要な人にはなかなか回ってこなくて、ある日、降ってわいたように下りてくる助成金は、ときにはその使い道そのものに困ったり、つくり手たちを不仲にする茶番も引き起こしていました。最悪なのは、助成金欲しさに、必要とされていない商品をわざわざつくったり、売れ残りの製品の色を塗り替えただけですませたりと、産地を回っているとこの手の話は、本当によく僕の目や耳に飛び込んできます。それだけ、ものづくりの現場は、生活していくための現実と、伝統継承への焦りが入り乱れて、なんとかしたいという関係者の動きとなっています。

ですが、その渦中にいる若いつくり手たちには、まず、集まる場所がありません。集まる場所は、居酒屋でもカフェでもなんでもいいのです。「集まりやすい条件」が満たされていればいいでしょう。たとえば、営業時間やメニュー構成。あるいは、インテリア、店主とお客の距離。そこに出入りするキーマンが居心地よく感じるか……。若いつくり手だけが集まってもあまり意味がありません。さまざまな登場人物が必要です。行政の担当者、学校の先生、東京からたまに来る著名人、新聞や雑誌の記者、クリエイター、学生、地元企業の社長……。そうしたさまざまな人種を呼び込める場所が、その土地にあるのとないのとでは、その土地の産業の行方に影響します。

いい産地には、そんな場が必ずあります。いつ行っても誰かがいて、みんななんとなくひとつの理想的な産地のイメージを共有している。一人ひとりの意見は、個々の立場があるので違っていますが、本当はこうあってほしいという願いは共有している。そんな状況は、その店の店主が微妙にコントロールしているものです。おいしい料理と自由な交流、地域の外にも顔が利いて、人を呼び寄せることができる。D&Dはそんな場所になれたらと思っています。それには、どうしても「そこにちゃんといてくれる意識あるキーパーソン」が必要となります。そ私利私欲で動くのではなく、一生懸命な人の頼みはなんでも聞いてあげる。おせっかいと言われるくらいに、他の人に世話をやける地元の人がやっている場所です。

伝統工芸や地場産業の町には、大抵、組合のようなものがあったり、問屋による見えない力関係がのどかな町を支配しています。支配という言い方は極端かもしれませんが、僕はある伝統工芸を仕事にしている二代目の若手作家が、自らウェブストアを立ち上げ、ネット販売したことで、その産地の中で仲間外れにされた話を聞きました。

もちろん、部外者の僕が口を挟むことではないとは思いますが、その若手作家の工芸品があまりにもユニークですばらしく、これはいいなと思ったから、こういう人が伸びていけない環境は、どう考えてもよくないと思ったのです。問屋さんや組合の力が強いと、ときにこうした可能性の芽がつぶされることもあります。そんなときも、地域のコミュニティーを穏やかにバックアップする場があることで中和されることはあると思います。つまり、凝り固まった決まった人たちの出入りではなく、様々な人種が出入りする場のよさです。

その土地で、絶やしてはいけない個性や
もっと知ってもらいたいことについて、
一生懸命動ける人じゃないと、D&Dは一緒につくっていけない。

D&Dに限らず、地域に対して発信力を持つ「伝える店」はただの店ではありません。ちゃんと発信力のある場ほど、もともとは、地域への問題意識をもったキーパーソンがいるところに、なんとなく人が集まってきたことがベースになっています。D&Dをやるということは、地域やものづくりに対する高い意識はあっても、なかなか自分だけではうまく場を起こせない、だからD&Dを始める、ということだったりもします。

そして、全国のD&Dのオーナーたちと意見交換しながら、やっぱり最終的には、自分の故郷をよりよくしたいと願っている。そんな人じゃないと、僕らも関わりを続けられません。パートナーショップだからといって、本部からのマニュアルや指示だけを待っているようでは、運営は難しいのです。自主的に地域に働きかける気持ちがないと「伝える店」はできないと思います。それでいて、商売にも関心が強くないとお店は立ちゆかなくなってしまいますし、働い

てもらうスタッフに対しても、リーダーシップを発揮できないと難しい。とっても矛盾していて、とっても当たり前のことですが、会社のスタッフとうまくコミュニケーションを取れない人は、店の外の人に広く価値観を伝えていくことなどできないのです。お客さんや自分の地域の人たち、地域の外から来た人たちになにかを伝えられる店というのは、ただ場所と運営システムがあれば誰でもできるということではないのです。

D&Dにとって、デザイントラベル誌『d design travel』とはなにか。

どんな土地でも、まだまだ個性や風土の魅力が隠れています。それらはあるセンスをもって耕さないと、なかなかわかりやすくは見えてきません。もしかしたら地元の人だけでそれをやっても、見えてこないかもしれません。

それは「もの」でも、「こと」でも一緒。だからそれらを総合的に掘り起こすきっかけとして、2009年より、デザイントラベル誌『d design travel』をつくっています。もちろん、完成した本は全国に流通するので、人が訪れる、ものを買うなど具体的なアクションが起こります。

『d design travel』は、これまでのトラベルガイドにない制作のポリシーがあります。まず、制作費の半分を「地元を思う企業」に広告主として参加していただくことでまかなうこと。通常、雑誌はお金を払ってくれるスポンサーはよほどのことがないかぎり受け入れますが、僕たちは後々まで残るものを「一緒につくる」気持ちを重視しています。

また、巻頭に「編集の定義・方法」を書いています。これは、その土地の特集号は、最初は私たち東京をベースとする編集部と一緒につくりますが、いずれは、これを手本に地元の人だけで自分たちの土地の『d design travel』をつくっていくためのもの。他の人たちも同じ考えで継続的に編集できることを想定してつくっています。

いわゆる「ローカル誌」には、2種類あります。ひとつ目は「タウン誌」と呼ばれている、地元の人が編集し、地元の人たちを読者として想定したもの。なので、テーマや紹介の仕方に、ローカルなクセが出てもよく、地元の人がわかればよいので、細かな説明ははぶかれ、まるで日常生活の中で対話をするようにつくられています。極端な話、他の県の人に通じなくても、かまわないというスタンスです。ふたつ目は、ローカルな個性を全国目線で紹介していく「文化誌」。これはテレビ放送でいえばＮＨＫのようなもので、標準語で全国の人をターゲットに、地元のことを紹介していきます。

『d design travel』の編集は、このふたつをほどよく交ぜ合わせる行為です。地元の人が当たり前だと思っているその土地の個性を、外の目で発掘し、言語化、発信していきます。この雑誌をつくることそのものが、自分たちの土地の魅力や個性の整理となり、その土地のよさや、産業を県外に広く伝えていくには、どんな次の手を打って、なにを立ち上げ、どこを攻めていくのかの基礎となるリサーチだと思っています。

『d design travel』は、商業雑誌として売れてもうかればいいという発想ではなく、このデザイントラベル誌をつくることで、自分たちらしさを整理し、広く県外に発表してみましょう！　という、どちらかというと「ワークショップ」に近いつくり方だと思います。そして、『d design travel』で提案した視点、気付いた方法論で、次のD&Dの活動につなげていくわけです。

まず、そこに行き、
次にどこへいったらいいかを聞ける
「旅先にある友だちの家」のような場所を目指す。

私たちの多くは旅行の行き先をテレビや雑誌、インターネットからの情報で得ていると思います。「わぁ、こんなところ、行ってみたい!!」と。でも、その紹介の切り口のほとんどは、グルメであり、温泉や秘境……。相変わらずなのです。たまに、少しだけ感覚の違うナビゲーターによるトラベル番組もありますが、そんなときは、旅への新たな感覚をくすぐられたような、新鮮な気持ちになれます。つまり、私たちは「新しい旅の視点」を常にほしがっているのだと思うのです。

その新しい旅の視点のひとつが「デザイン」だと思っています。温泉やグルメというその土地の観光特集もいいのですが、「デザイン」が大好きな人も多いはず。そんなデザイン好きがあちこち旅をすると、食事や買い物、宿泊場所に対するこだわりはもちろん、パッケージや看板や客車や文化施設のデザイン、祭りや街づくりの企画、伝統や音楽までもを、興味深く見ていくことになります。

そんな「デザインに興味のある人」は、もし、デザイン目線でその土地のさまざまなものやことを案内、紹介、販売する場があれば、まずそこを観光案内所のように目指すでしょう。つまり、常にそういう情報を用意し、更新すること。伝統工芸品でも、デザインに関心の高い次世代のつくり手によるものを紹介すること。昔から続く、土地のさまざまなものをグラフィカルにわかりやすく紹介することが、D&Dには必要となります。

どこかの土地のD&Dに行った人が、こう思ってくれることが理想です。「あぁ、こういう入り口があるんなら、まったく興味のなかった場所でも、まず、その土地のD&Dを目指してから行けば楽しいかも」と。

僕は最終的になにをしたいか。

最終的に僕は、D&Dという「その土地の個性を整理する場所」を47都道府県にひとつずつつくるという目標をもっています。『d design travel』というデザインの視点をもつトラベル誌も、47都道府県分の47冊つくっていくつもりです。将来的にD&Dの店にはならないが、その考え方には共感し、つながってその土地のためになにかしたいという仲間「dのトモダチ」も増やしていきたい。

２０１２年、東京・渋谷ヒカリエに、常時展覧会を行える「d47 MUSEUM」と、ショップ「d47 design travel store」、レストラン「d47食堂」オープンさせました。

もともとメディアが集中する大都市、東京に広報窓口を置き、日本中のD&DのニュースをメディアやウェブサイトでPRしていましたが、その総本山的な場所を「d47」の名前でまとめて、渋谷の駅ビルという特別な立地に置いたのです。そこでは、年間を通して、デザインの視点で自分たちの土地の個性を考える47都道府県の仲間たちからの鮮度の高い情報を、「d47 MUSEUM」に展示し、「d47 design travel store」で販売し、「d47食堂」で実際の食材を定食にして食べて、語り合ってもらうことができます。

各県のD&Dは、東京・渋谷の発表拠点と、他の土地から興味深く見てもらうことのできるデザインの視点を持ち、地元を個性を豊かに伸ばしたい仲間たちと、日々、連絡を取り合う。『d design travel』を編集した経験から、なにか新しい施設や物産などのデザイン開発の際には、「ヒット製品の類似品ではない」自分たちの土地ならではのオリジナリティーが出せるものへと導く。D&Dは、そんな日本の個性の整理・発展のためのネットワークになれたら、と思うのです。

第2部
D&DEPARTMENTのつくり方

第一部では、僕たちD&DEPARTMENT PROJECTの特徴であるコミュニティー的な要素がどうやって形づくられたのかを書き出してみました。最初は自分たちの表現として、売りたいものを、自分たち流に売っていたわけですが、取材や大阪店などの立ち上げをきっかけに、自分たちの視線の先に「社会」が大きくあることを再認識し、趣味性の強いプロジェクトから、一般の人と一緒に「いいデザイン」について考える場のあり方を模索し始めます。

この第二部は、D&DEPARTMENT PROJECTのつくり方を紹介します。

僕たちは、毎年売り上げを伸ばす、などということを第一目的にはしていません。とは言っても、「生活者に買ってもらう」というリアルな環境の中でロングライフデザインについて考えていきたいので、お店が経済的に成り立っていないと活動自体が続かなくなってしまいます。

活動としてのお店の運営を10年以上積み上げてきた経験の中から、D&DEPARTMENT PROJECTをやってみたい人、あるいは、D&DEPARTMENT PROJECTのような「伝える店」や、コミュニティープロジェクトをやってみたい人が参考になると思われる項目について、Q&A形式でまとめました。立地や物件、商品構成、お店で行うイベントのあり方まで、つつみかくさず書いています。聞いた事例ではなく、すべて僕らが体験して考えてきたことが基になっています。

Q D&DEPARTMENTのパートナーになるために必要なこととは？

A1

社会／地域／自分／商売のバランスを心得ること。

「伝える店」を始めようという人には、普通のショップやカフェをやりたいという人とは違う動機があるはずです。D&DEPARTMENT PROJECT（以下、D&D）のパートナーショップ（直営店とは別に、店ごとのオーナーが経営するフランチャイズ形態の地方店）をやりたいといって応募してくる人の動機は、大きく分けて2種類。ひとつはメディアを通して知ったD&

Dのイメージを信じているタイプ。つまりD&Dをお店としてかっこいいと思っていて、その仲間に入りたいと考えている人です。そんな人には、まず実際に地方のD&Dを見に行ったり、イベントや勉強会に参加してもらうことを勧めます。しかし、そういう方々がD&Dのパートナーになる可能性は、実際はほとんどありません。

もうひとつは、社会や地域に対して問題意識をもっているタイプ。自分が住む地域でつくられているものをきちんと売る場所がないとか、若手の作家が発表する機会がないという課題を、自分がお店を開くことによって何とかしたいと考えている人たちです。こちらのケースでは、僕らが勧めるまでもなく、何度もD&Dの勉強会に来て、北海道や鹿児島のお店にまで足を運んでいる人が大半です。D&Dを参考に物件探しをしていたり、地域で自主的な活動を始めていたりすることもあります。パートナーになる準備が、すでに整っているのです。

もちろん後者のタイプにとっても、お店としての「ある程度の洗練」を理解する必要があります。現在は、ものづくりでも、野菜づくりでも、30〜40代か、それ以下の人たちが中心になろうとしています。この世代は、デザインに関係した仕事でない人も、やはりかっこいいものにひかれます。地域で輝く「伝える店」をやるなら、そういう人たちが自分のつくったものをぜひ置きたいと思える場所でなければいけません。そのためにもD&Dとより緊密に接する機会をもち、僕らのスタイルを身に付けてもらう必要があります。

ただし、問題意識とセンスだけで「伝える店」がうまくいくわけではありません。僕らは今まで何度も地方のパートナーと組んできて、あるときには成功し、あるときには失敗してきました。その経験を通じて思うのは、「伝える店」を続けていくためには「社会」「地域」「自分」「商売」という4つの要素のバランスを適切に保つ感覚が不可欠だということです。

自分のことだけ考えている人は、絶対にうまくいきません。「伝える店」として大きな比重を置くべきは、社会や地域のほうです。しかし、そればかり考えて「自分のため」という意識がなければ、やっぱり長続きしないのです。お店をやることを楽しむ気持ちを、経営者がもてないといけません。自分がやりたいことと、社会の現在や未来への考えと、ベースとなる地域や周囲の人々への気持ちが、ひとつに結び付いているのが理想です。そしてお店である以上は、商売のセンスもやっぱり大切です。最終的にはお客さんに接して、お金をもらって、活動を続けているからです。

実際は、自分自身も含めて、D&Dのパートナーショップのオーナーで最初からこのバランスが完璧だった人はいません。でもうまくいく店ほど、次第に理想のバランスに近づいていくものだと思います。

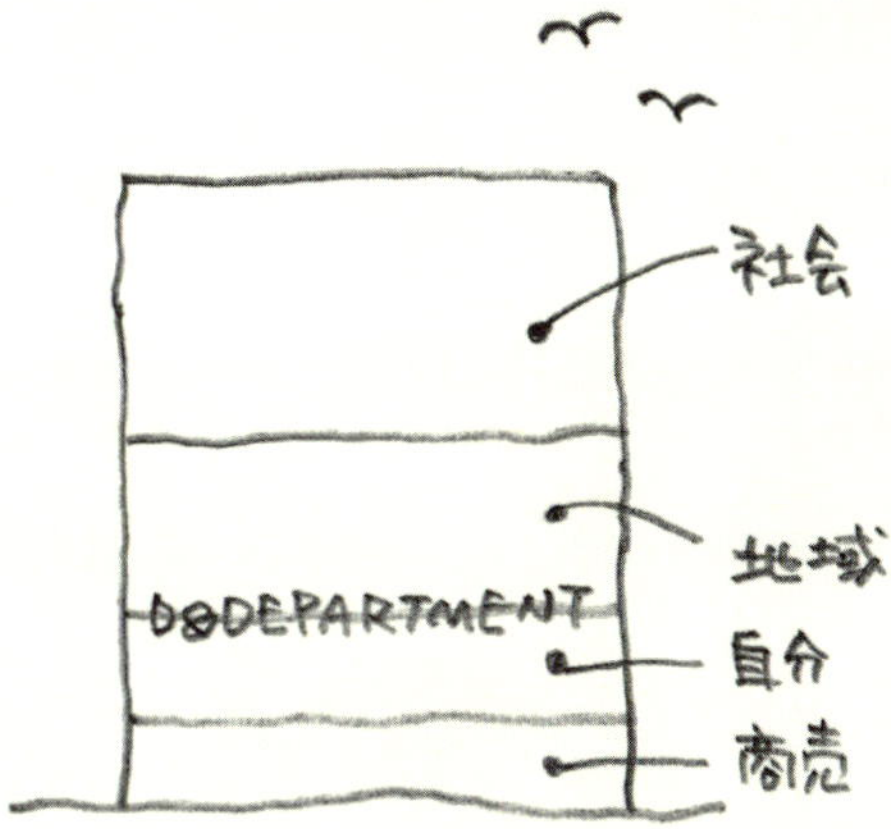

こういう意識の
配分で。

A2

商売のセンスを磨き、人間性を磨く。

D&Dのパートナーになる人とは、最初の打ち合わせから開店まで、約1〜2年かけて何度も会います。仲間として一緒に活動するには、それくらいの準備期間は必要です。その間、本部に来てもらうことも、こちらから地方に足を運ぶことも、別の地方のお店で会って話し込むこともあります。

物件を選ぶときも、各店のオーナーと同行して決めることにしています。多くのケースでは先方が事前にいろいろな物件を下見していて、そこに僕も行ってみることになります。この段階まで進みながら、結局は開店に至らないケースもありました。パートナー候補の人の物件を探すときのやり方や価値観を知って、やっぱり難しいという判断をしたのです。どの物件を選ぶかによって、商売やコストに対する感覚と、自分が活動する地域への理解度がわかります。こんな活動をするには、この場所でなければならないという説得力が必要なのです。また現地でパートナー候補の人と長い時間を過ごすことで、見えてくる人となりもあります。

最初に会ったときは、互いに夢を語り合って、とても盛り上がる。絶対に一緒にやればうまくいくと思う。しかし夢だけで物事がうまくいくはずはありません。地域への思いや、仲間への態度を知っていくうちに、一緒にやるのは難しいと判断せざるを得ないこともありました。十分な資金力があって、条件のいい物件もあり、意欲があるという人でも、その人の中の「社会」「地域」「自分」「商売」の意識のアンバランスに気付いたりもします。「伝える店」のオーナーは、地域の人たちやスタッフを巻き込み、周りから愛される人格の持ち主であることが多い。突き詰めると、やはり人間性ということになりそうです。

A3
安定収入のある〝本業〟をもっておくこと。

D&Dのウェブサイトには、パートナーショップとして出店するための条件が明記してあります。ここでは開業にかかる実費や商品の仕入れなどに約3000〜4000万円かかり、その他に店舗取得費用が必要と書いています。開店前の指導費用、本部からの出張費用、保証金も負担してもらいます。すでに事業をしている人であっても、思い切りのいる金額だと思います。

この金額を投資だとすると、僕らが考える「伝える店」はビジネスとして割に合いません。D&Dは、ショップやカフェで出た利益を次の活動のために使うのが大原則。基本的に大もうけしない仕組みになっているのです。

また「伝える店」は、ベースとなるコミュニティーがあって初めて成立するものです。コミュニティーは、一朝一夕ではつくれません。お店やそこで働くスタッフと、その地域に住む人たちや、遠くからお店に来てくれる人たちの間に、ちゃんとしたつながりができるまでには数年はかかるでしょう。最終的にはD&Dだけの収益で自立するとしても、お店とは別の収入を生む本業が必要になります。

ただしお店が軌道に乗れば、本業への波及効果もあります。たとえばデザイン事務所がD&Dを始めたら、人が集まる状況が生まれることで、デザイン事務所への仕事が増えるかもしれません。僕がお店を始めたときもそうだったし、地方のパートナーショップでも似たことが起こっています。だからといって、あまりにも大きな利益が出るのは決して意図すべきことではありませんが……。ともかく「伝える店」の活動とは別の収益源を、行政の補助金ではなく、オーナーはもっておくべきではないかと思います。

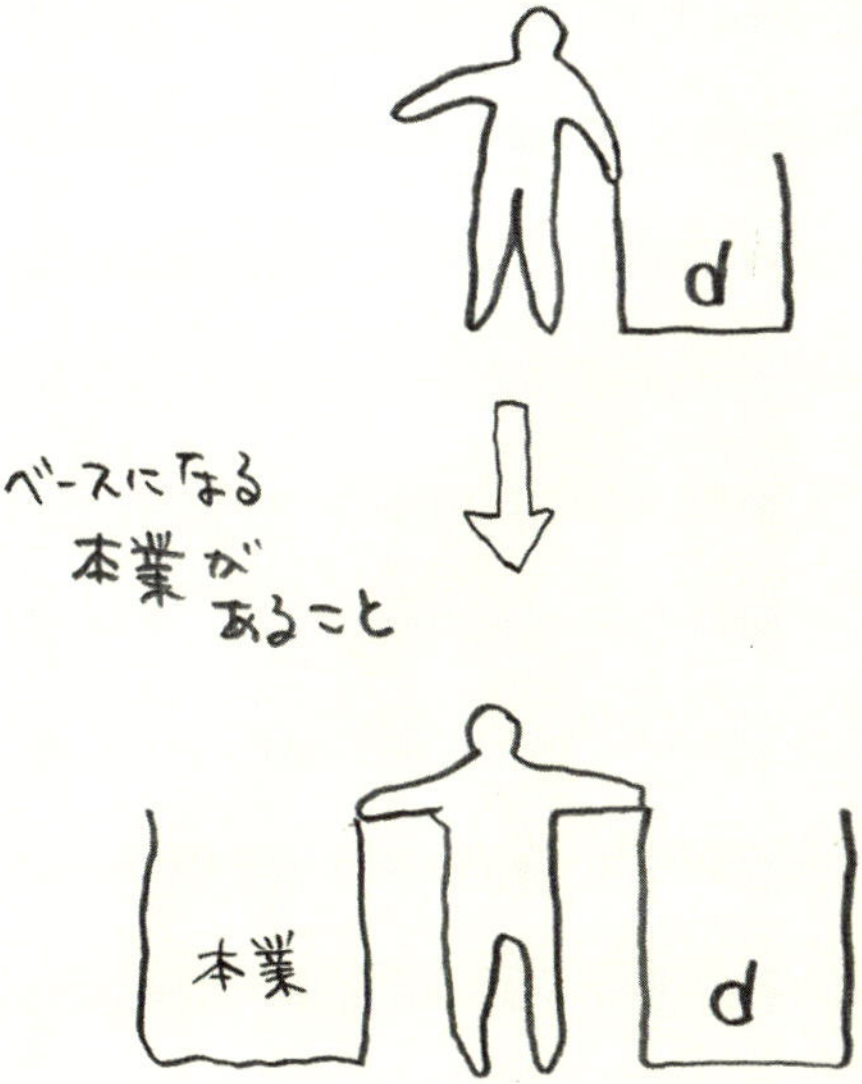
d
ベースになる
本業が
あること
本業
d

Q 物件を探すときのポイントは？

A1 「伝える店」は不便な場所にあるほうがいい。

「伝える店」は、物件の立地がとても重要だと思います。D&Dのほとんどのお店は、最寄り駅から徒歩20分程度の場所で、人通りのあまりない場所にあります。普通なら誰もお店をやろうなどと思わない条件ですが、僕は「伝える店」はそんな場所にあるべきだと思っています。

不便な場所にあるお店に来る人は、家を出るときから「今日はあの店に行こう」という意志

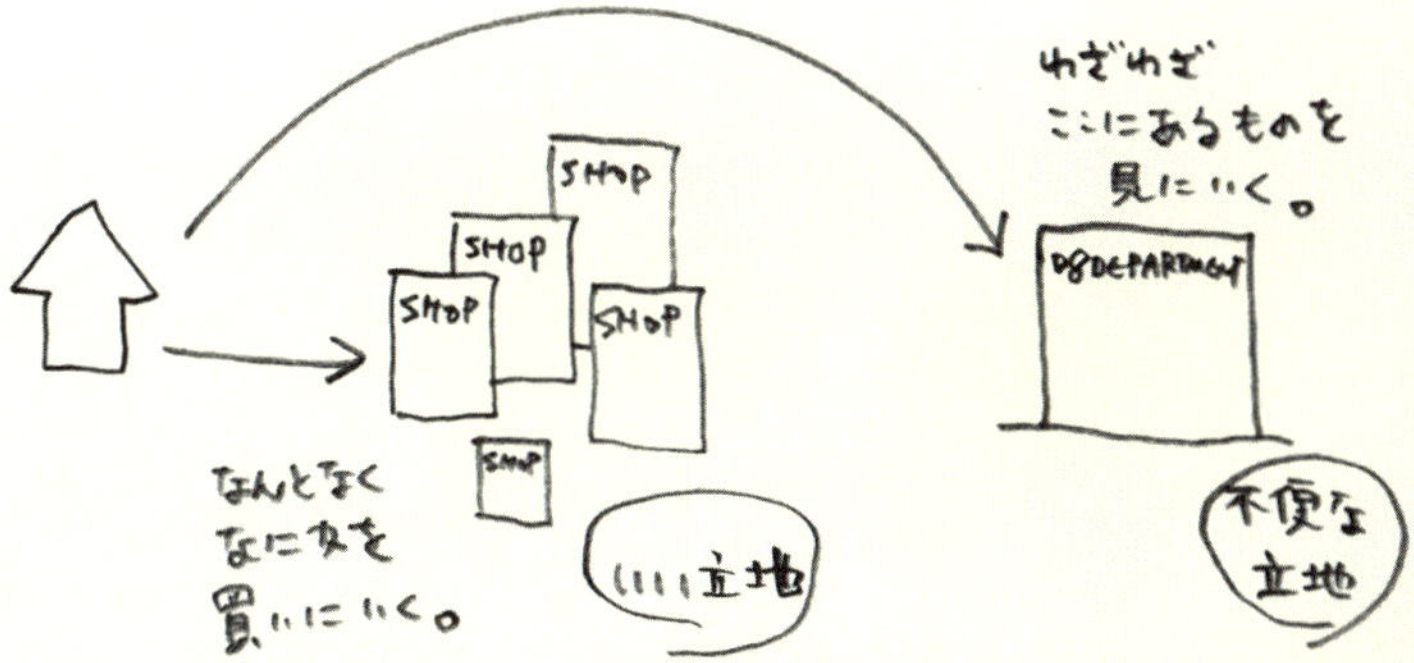
わざわざ
ここにあるものを
見にいく。
SHOP
SHOP
SHOP
SHOP
SHOP
D&DEPARTMENT
なんとなく
なに文を
買いにいく。
いい立地
不便な
立地

がある人です。通りすがりで、何も知らずにフラッと入るようなお客さんではないのです。意識の高いお客さんを相手に、きちんとコミュニケーションを取れる状況をつくることが、僕らのようなお店にはとても大切になってきます。

こんな立地なら、広い空間でも家賃が低く抑えられます。D&Dのように物販があり、カフェがあり、勉強会やワークショップも行おうとすると、ある程度の広さがあることは必須条件。逆に、人通りの多い場所でなければいけない理由は、さほど感じられないのです。

D&D東京店の物件を決めたとき、こうしたメリットにすべて気付いていたわけではありません。現在の場所でお店を続けてきて、その過程で気付いたことがほとんどです。ただ、D&Dを始める前に、駒沢公園のそばにあるバワリーキッチンというカフェから影響を受けたところはあります。やはりカフェとしては辺ぴな場所にあるのですが、夜中の1時を過ぎても行列ができていました。

オーナーの意識さえ明確なら、どんな立地であっても意識の高い人がちゃんと来てくれるのだと、それを見て確信できました。こういうお客さんが来てくれるお店を、僕もやりたいと思ったのです。

A2

人通りの多い立地は、かえって苦労が多い。

お店の立地について、失敗した経験もいくつかあります。

2000年にD&D東京店ができてすぐ、日本橋の商業施設に出店した60VISION《ロクマルビジョン》の期間限定店は、うまくいきませんでした。ちょうどこのビル自体のオープン直後で、来客数がものすごく多いため、こちらのコンセプトを伝える接客がなかなかできません。そして、たとえコンセプトをしっかり伝えても、お客さんが商品を買ってくれません。オープン当初の東京店は集客こそ苦戦しましたが、利益率は東京店のほうが上でした。東京店のお客さんは店頭にあるものをあらかじめ知っていて、目的をもって来店してくれるからです。

立川の駅ビルに出店したときも、かなり苦労しました。理由は先ほどの商業ビルと似ていますが、ここは年中無休の駅ビルでした。東京店のメンバーは定休日に、自分たちが扱う商品をつくっている工場へ見学に行くことがよくあります。しかし立川店のスタッフは、そんな工場見学に行くことができません。そして、だんだんとマインドの共有ができなくなってしまいました。彼らもショップの売り上げを伸ばしていくことに気持ちを集中せざるを得なくなり、D&Dの一員というより、ただの売り子のような状態。モチベーションが違ってくるのは当然です。

結果として収益はあがったのですが、そのような状態でお店を続ける意味が、僕としては見い出せなくなりました。自分たちは商売をやると同時に活動もしなくてはならない。だからこそ、自分たちのペースはとても重要で、制約がありすぎる場所では無理なのです。

A3 手を入れずに使える、気持ちのいい空間を探す。

地方でD&Dにふさわしい物件に巡り合うのは、簡単なことではありません。大阪や札幌のような大都市なら「伝える店」の条件に合う物件もそこそこは見つかります。しかし地方へ行けば行くほど、これだと思える物件は少なくなります。商業エリアと住宅地がはっきり分かれていて、商業エリアから離れると一気に借りられる物件がなくなるのが一因です。それでも奇跡の物件に出会えるまで、妥協はしたくありません。

パートナーショップでは、その地方に住むパートナー候補がまずは物件の目星を付けます。不動産屋に情報を求めるのはもちろん、自分の足で日常的に街中を見て歩いて、気になる物件を探す人も多いようです。ただし地域のマーケットの大きさや質をふまえて、ほどよい広さや家賃の条件を満たす物件でなければなりません。

D&Dの東京店や大阪店を見て、どうしてもあれくらいの大きさでやりたいという固定観念を捨て切れないパートナー候補もいました。しかし最も重要なのは、「伝える店」として経営を続けていけること。かっこよさを最優先すると、そのバランスが取れません。一方で、勉強会やイベントをするためのスペースは不可欠。勉強会に100人集まるとしたら、100脚の椅子が置ける広さが必要になる。通常営業の際には、その椅子を収納できる場所も必要です。

また、立ち上げに必要な資金を抑えるためには、できるだけお金のかからない、手を入れなくて済む物件でなければなりません。10年たっても時代遅れにならない、味のある中古物件が理想です。天井を抜いて、自分たちで白く塗るだけで成立するような建物を探します。忘れてはいけないチェックポイントは、エアコンとトイレ。倉庫のような物件は、ガランとしていて雰囲気はいいのですが、エアコンがないことが多いので基本的にはNGです。業務用のエアコンを付けるだけで、数百万円もの出費になるからです。また古い物件はトイレが和式のことが

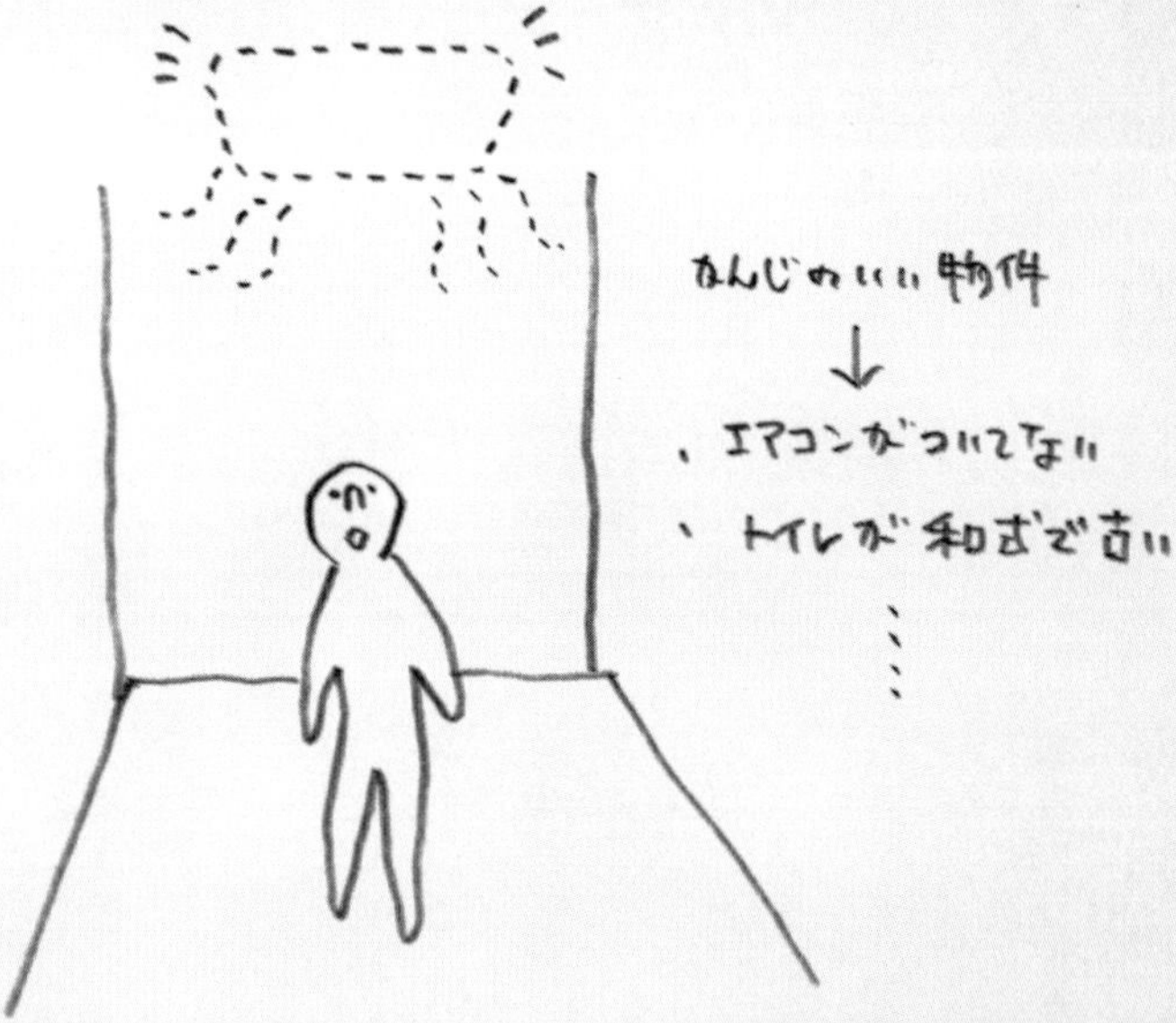
かんじのいい物件
↓
、エアコンがついてない
、トイレが和式で古い
⋮

多く、カフェを営業するためには取り換えなければなりません。

もうひとつ、僕が重視するのは、ヌケのある空間だということです。現在の東京店を最初に見て気に入ったのも、広さ以上にヌケを感じたからでした。ヌケは物理的なものではなく、あくまで感覚的なもの。明るさ、天井の高さ、周囲の立地なども含めて決まってくるんだと思います。たとえば通常のお店は、窓がないほうがいいとされています。商品が日に焼けたり、虫やホコリが入ったりと、いいことがないからです。でも東京店の片側はほとんど窓で、そののんびりとした空間のヌケはD&Dが伝えたいロングライフデザインのイメージづくりにもとても重要なのです。

D&Dのパートナーショップでは、こうした基準に基づいてオーナーと一緒に物件を見て回ります。ときには意見がぶつかることもあり、こちらが根負けして相手の意見をのむこともありました。D&D静岡店は、オーナーがどうしても富士山の見える立地にこだわりました。静岡市内では富士山が周囲の建物に隠れてしまうので、「ここしかない」と見つけてきた物件は、畑のど真ん中のような場所。これは無理だろうと思いました。でも現在、静岡店にはしっかりとお客さんが付いて、波及効果で周囲にお洒落なペットショップができたりもしています。地元のオーナーの感覚を信じることも、僕らが経験を積んで学んだことのひとつです。

Q 人が集まる店内構成の秘訣とは?

A1

いちばんいい場所を、カフェにする。

店内にカフェを開くのは、D&Dのパートナーショップを始める条件のひとつです。そしてカフェは、物件のいちばんいい場所にレイアウトすると決めています。東京店と同じD&DEPARTMENT DININGという名前にすることもあれば、地方にあるカフェがテナントとして入るケースもある。いずれにしても地場の器に地域で採れる食材を使ったメニューを出し

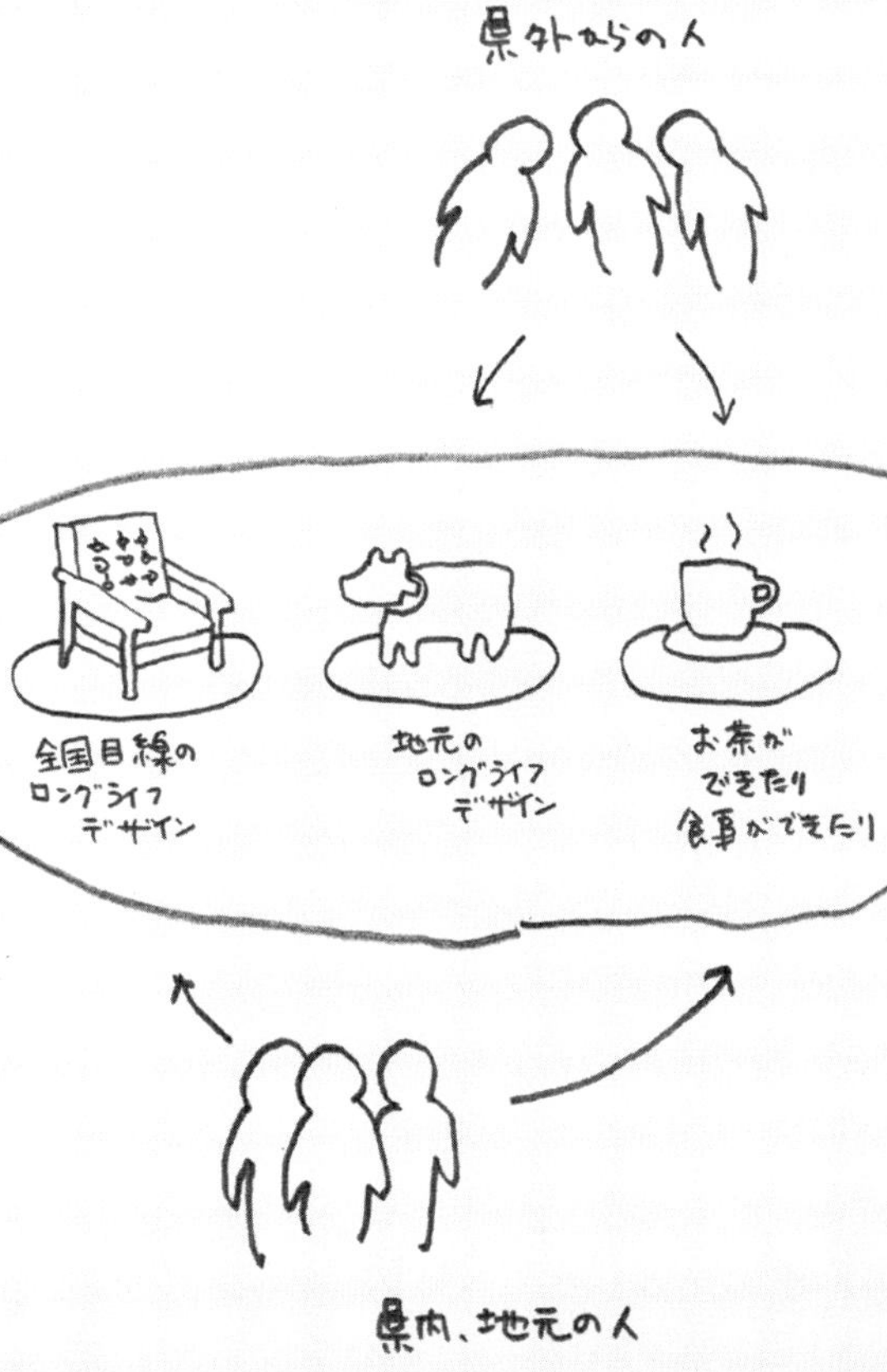
県外からの人
全国目線の
ロングライフ
デザイン
地元の
ロングライフ
デザイン
お茶が
できたり
食事ができたり
県内、地元の人

てほしい。地元の人だけでなく、遠くから来た人にも愛される場所でありたいと思います。

D&Dにとってカフェの存在は、ロングライフデザインに興味がない人でも、軽い気持ちで足を運んでもらうきっかけとなります。また、お店に安定した収入をもたらすのもカフェです。いったんカフェがその地域に定着すると、売り上げが大きく上下することはありません。常連客が付くだけでなく、たまに来るようなお客さんの数も安定するのです。家具屋に毎日行く人はいませんが、カフェなら毎日でも行けるのではないでしょうか。友だちと一緒に、または、ひとりでふらりと立ち寄る場所の中に、さまざまな交流の仕掛けをつくっていくという考え方です。

静岡店が、不便な立地でありながらうまくいっているのも、オーナーの決断でカフェのスペースを店内の約半分にしたからでした。僕らのイメージでは、カフェの広さは店内のせいぜい3分の1ぐらい。しかし静岡では、買い物より飲食にお金を使う傾向があるそうです。静岡店のオーナーは、もともと地元で飲食店を経営してきたので、そのノウハウがあったのも強みでした。カフェがつかんだお客さんが、D&Dの活動に興味をもち、ロングライフデザインや日本のものづくりに親しんでくれたら、目標は達成なのです。

東京のコピーを
つくらない。
地元らしい
場所をつくる。

A2

全国共通の定番と、地域の定番をバランスよく。

Ｄ＆Ｄの商品構成は、本部が選定した「各店共通のロングライフデザインの商品」と、その土地の物産から選定する「各店独自の地元のロングライフデザイン商品」を、半分ずつ扱うことを目指しています。「伝える店」は、地元の人たちから親しまれるお店であるとともに、その地域を代表するお店になるべきです。だから単に東京店をまねするのではなく、地域性と結び付いた優れたデザインに触れられる場所であってほしい。地元の人と県外からの観光客、どちらにも満足してほしいから「半分ずつ」を目指します。

現在、地元ならではの物産は、各店で「NIPPON VISION《ニッポンビジョン》」コーナーとしてひとまとめにしています。地元の人々にとって、このコーナーに並ぶものは、日ごろから当たり前のように身の回りにあるものかもしれません。しかしＤ＆Ｄのフィルターを通して店頭に並ぶことで、新しい価値が見つかることもあるでしょう。また地元でも手に入りにくいものが、「NIPPON VISION」では定番になることもあると思います。

もちろん、新たにD&Dのパートナーになった人が、すぐに優れたロングライフデザインを地元で集めるのは意外と難しいものです。最初のうちは、東京店とほぼ同じ品揃えでスタートするのが通例です。僕らも開店準備中にその地域に行って、地場産業の工場や作家さんの工房をその土地でD&Dをやることになったスタッフと訪れ、ものを選ぶようにしています。徐々に感覚が共有されることで、各店共通の商品とその土地の物産の比率が9：1だったところを8：2、7：3と変化させていきたいのです。この努力が、地域ごとに受け継がれている個性としてのロングライフデザインを、より長く広め伝えていくことにつながると信じています。

A3

来店するたびに、新しさを感じてもらう工夫を。

ロングライフデザインのお店をやっていく上で、特に気を付けるべきことは売り場に変化を与えることです。ロングライフデザインとは、流行やトレンドに左右されず、ずっと売り続けられるデザイン。だからお客さんにとってD&Dは、いつ行っても同じものを売っている場所として見えます。その意義が伝わっていても、常に同じものしかないお店では「また行こう」

と思ってもらえません。そこで工夫や努力が必要になってきます。

その点でリサイクル品は、そんな売場にユニークな変化を与えてくれます。ほとんどが1点ものなので、次にいつ入荷するかわかりません。僕自身がパートナーショップに行くときも、どんなリサイクル品が店頭に並んでいるかは大きな楽しみです。リサイクル品は、仕入れ値が比較的安く、在庫としてのリスクが少ないというメリットもあります。土地ごとの個性も少し見え隠れし、何より価値あるデザインが循環することもD&Dのコンセプトに合っています。

本やCDを扱うのも、売り場に変化をもたらしたいからです。こういったアイテムは、ロングライフデザインというキーワードには当てはまらないという考え方もあると思います。でも日用品はロングライフのものを選ぶとしても、小説や音楽のように心を満たすものは、現実として必要だと思いました。

その他に、壁をギャラリーとして使うのも、売り場に変化を与える手段です。また模様替えも、東京店では2週間に1度、かなり大がかりに行うのが通例になっています。これは、お客さんに対してというよりも、働くスタッフのためでもあります。同じものをずっと売っていると、誰でも「売り飽きる」もの。模様替えによって、ものの新しい魅力が見えてくるのはよくあることなのです。

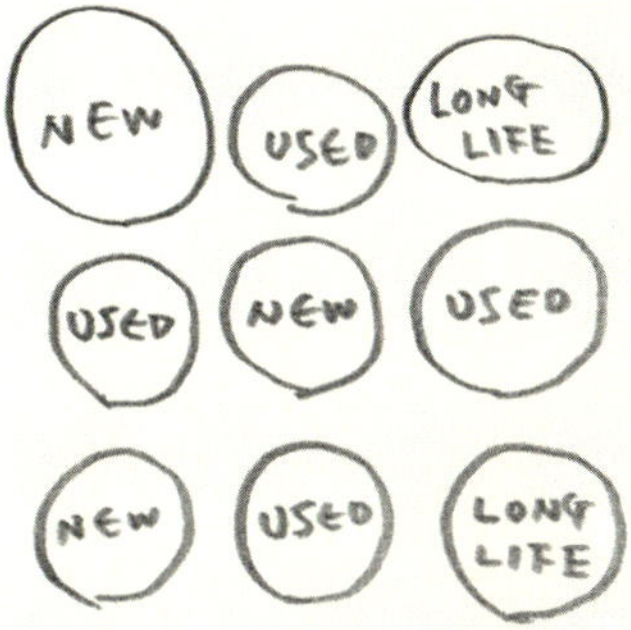

USEDで
定番に
シゲキを

LONG LIFEな
定番だけでは
お客も店員も
あきてしまう。

Q 店頭で扱う商品は、どうやって選ぶ？

A1 商品について徹底的に調べる。

僕らが扱う商品は、5つの基準を通して選んでいます。「知る」「使う」「引き取る」「直す」「続く」の5つです。

まず「知る」とは、製品をつくっている人や背景を知るということです。僕らにとって、ものを売るというのは、つくり手の考え方や姿勢を使う人に伝えること。突き詰めて言うなら、

知る
引き取る
使う
直す
続く
D&DEPARTMENT

ものやお金の動きは二の次で、ものに託された気持ちが伝わることが何より重要だと考えています。本当はお客さんにも、ものをつくっている人に実際に会って、彼らを理解してもらうのがいちばんいい。でもそれはなかなか難しいから、僕らが工場で一生懸命に取材し、Ｄ＆Ｄという場を通して、自分たちの言葉で伝えられるようにしています。

工場見学に行くのは、お店が定休日のときが多いですが、営業時間内に行くこともあります。営業の手を休めて店を閉めて行くときには売り上げにも影響します。工場にとっても、知らない人がぞろぞろ来て、相手をするのは面倒に違いありません。でも、いいものをつくっている工場ほど、それなら説明しましょうということになる。そして慣れ不慣れは別にして、とても気持ちよく一生懸命に対応してくれる。いい仕事をしている人ほど、伝えたいという気持ちがあるということです。そういうメーカーのものは、売り場のスタッフにもその思いが伝わり、結果よく売れるというのが僕らの実感です。

それとは反対に、いいものをつくっているはずなのに、工場を見せてくれないメーカーもあります。部外者に見せられない企業秘密もあるでしょうけれど、どうやってつくっているのかをまったく知らないままでは、僕らに限らず、その商品の良さを人になにも伝えられません。

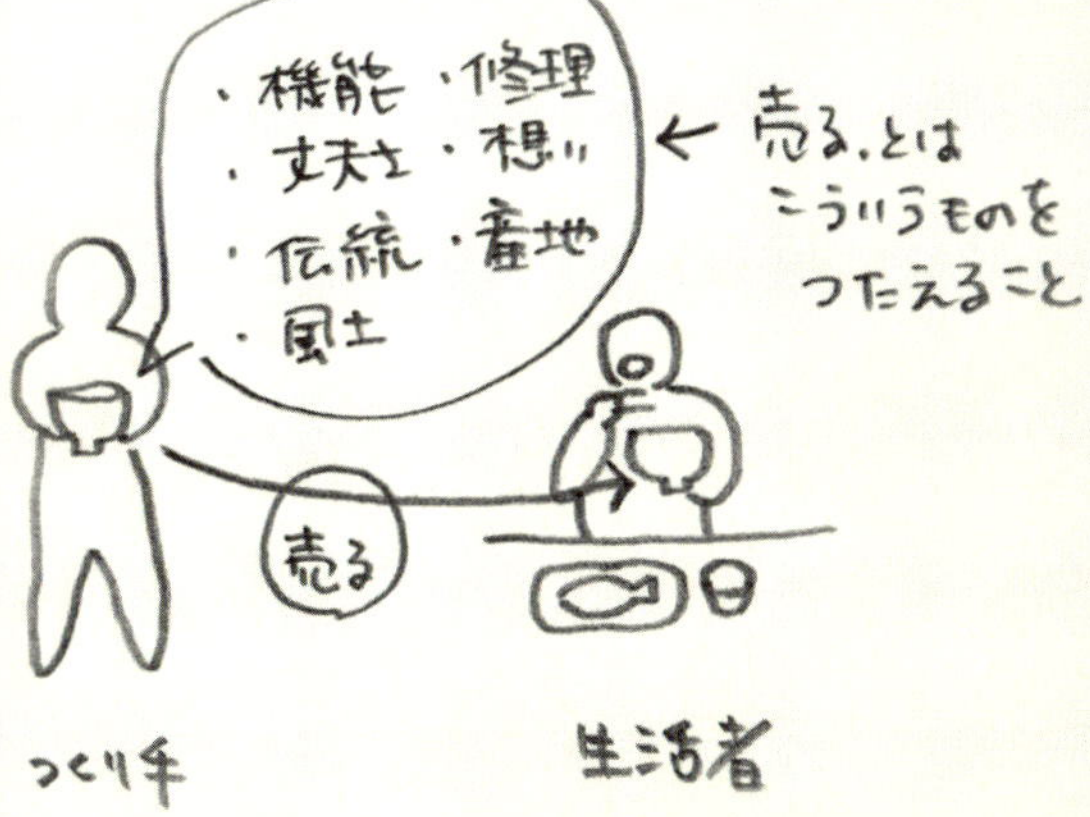
・機能 ・修理
・丈夫さ ・想い
・伝統 ・産地
・風土
← 売る、とは
こういうものを
つたえること
売る
つくり手
生活者

A2 実際に使ってみて、問題点を把握する。

「使う」というのは、僕らスタッフが使ってみるということ。見た目がロングライフデザイン然としていても、機能が十分でない商品は短命に終わります。半年から1年ほど実際に使うことで、長く付き合えるデザインかどうか試すのです。

先日、あるホーローのキャニスターを試しました。パッキン付きの木のフタが付いている、シンプルなキャニスターです。しかし、冷蔵庫に入れると、そのフタが反って使えなくなりました。説明書には、もしかしたら冷蔵庫で使わないように書いてあったのかもしれません。しかしこの種の容器は、誰もが冷蔵庫に入れて使いたくなる。見た目のデザインだけでなく、生活者目線で使って問題があるなら、ロングライフデザインとは言えません。メーカーに経緯を伝えると、改良してくれることになりました。それがオシャレな雑貨なのか、ロングライフデザインなのか、必ずしも見た目で判断はできません。このようなときの対応で、そのメーカーがものづくりに本気かどうかもわかるのです。

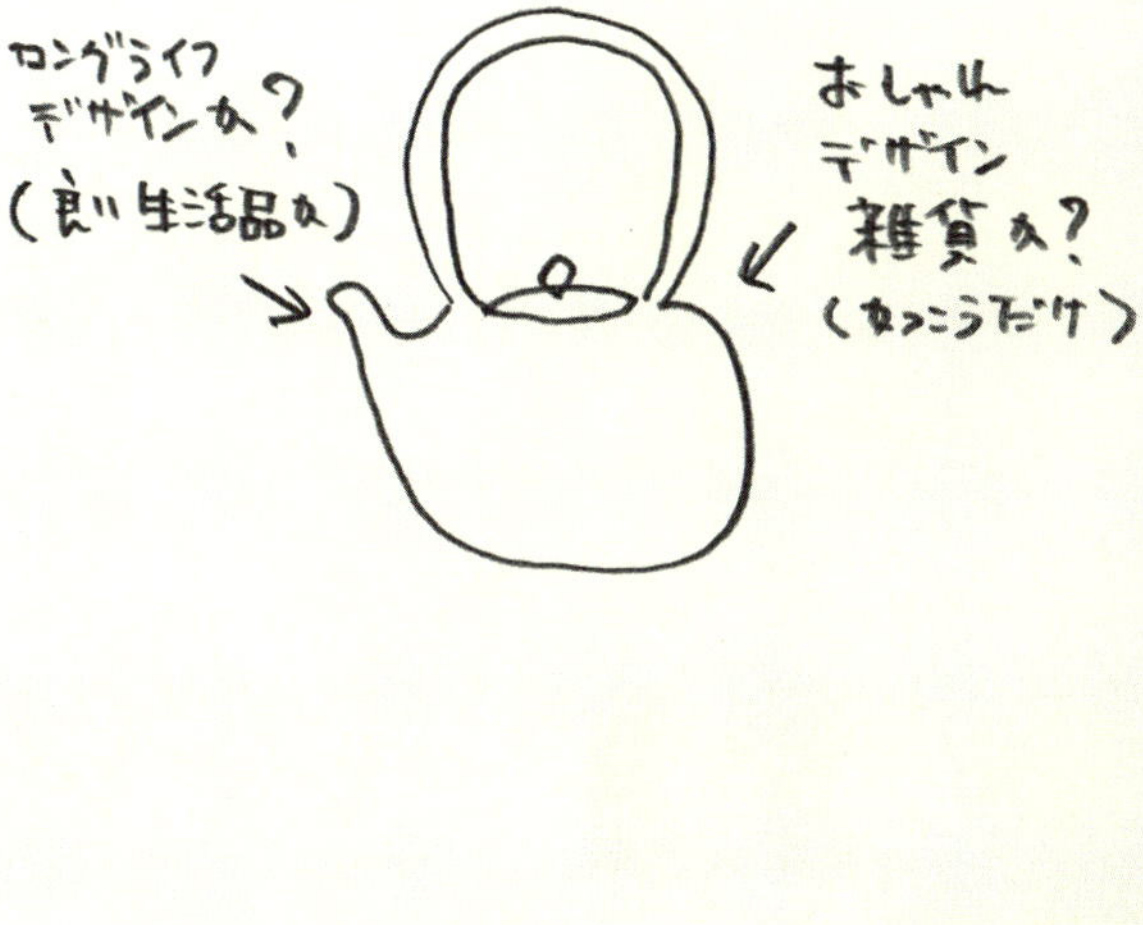
ロングライフ
デザインか？
（良い生活品か）
おしゃれ
デザイン
雑貨か？
（かっこうだけ）

今、僕はGマークに選定されたピーラーを試しに使っています。機能は申し分ありません。そしてかっこいい。でもかっこよすぎる。決して機能美ではないのです。10年後に愛着を持って自分が使っているか考えたら、自信はない。これを店で扱うべきか、悩んでいる最中です。

「引き取る」というのは、消耗品を除き、「引き取れないものは販売しない」というルールです。工場で話を聞き、使ってみてOKとなった製品でも、みんなで話し合って「引き取れない」という結論になることもあります。どうしてもキズが入りやすい部分があり、それによって商品価値がなくなりそうなものなどです。D&Dの基本はリサイクルショップ。よいデザインとは丈夫で安全で美しく、そして修理して使い続けられるもの。つまり不要になったら人から引き取って再び販売しても、ほしいと感じる人がいるものだと考えています。なので引き取れないものは、「いいデザインではない」と見なしていいと僕らは思っています。

A3　修理可能か、廃番にならないかを確かめる。

「直す」は、修理して使い続けられるものということです。D&Dにはリペアコーナーがあり、ものによって店内で修理することができます。ひと通りの工具やパーツが揃っていますが、椅子のキャスターのように、壊れてしまうと修理しにくいものもあります。

以前なら、ほとんどのメーカーは自社製品の修理を受け付けていました。しかし現在はメーカーが修理部門をもたず、故障すると新品と交換になるケースが増えています。すぐれたデザインだと広く認められているものでも、これがネックで扱わないものもあります。

そして「続く」は、メーカーがつくり続けるものだということ。短期間で廃番になることが目に見えていたら、ロングライフとは呼べません。人は、そんな短命なものばかりに囲まれた生活はできません。一緒に長い時間を過ごしながら、いろんな思い出として時間が重なっていく。だからこそ、メーカーにずっとつくっていたいという愛が少ないものは、どこかわびしいものです。

こうして5つの基準を満たして店頭に並んだものを、数カ月後に定番にするかどうか再検討します。お客さんから苦情があれば、一緒になってメーカーに訴えます。新しい製品をとりあえず仕入れ、売り切ったら終わりという商売に比べて、効率が悪いといったらありません。お店で扱う候補になるアイテムはたくさんあるし、企業からの売り込みもあり、いつも50点以上の製品がバックヤードで出番を待っています。

断言できますが、ロングライフデザインを販売するだけでは、ビジネスとしては成立しません。それでも、ロングライフデザインという価値観がだんだんと定着し、買い求める人が増えているのは実感できる。その意義が大きいのです。

A4 失敗しながらも選びぬく。

こうやって製品を選んでいると、付き合うほどにすばらしさにうならされるメーカーがたくさんあります。カリモクは大きな企業なのに、社員一人ひとりが家具づくりに高い意識で取り組んでいます。お客さんがひとりで工場見学を申し込んでも、対応してくれる姿勢がある。効率よく売るよりも、大切に売ろうという意識が一貫しているのです。

一方、前述の5つの基準を十分に満たす、イギリスの収納棚のブランドがありました。僕らは現地の工場まで見学に行き、その良さを伝えようと取り組みました。彼らも僕らを気に入ったからこそ、取引が始まったのだと思います。しかし、先方から期待された売り上げが達成できず、取引は打ち切られました。契約上、仕方のないことですが、残念です。両思いで結ばれたカップルが、夫の収入が少なくて離婚に至るようなものかもしれません。

また、あるデザイン家電ブランドは、見た目は本当にすばらしく、これからのロングライフデザインだと確信しました。しかし製品の不具合が多く、取り扱いをやめざるを得ませんでした。たとえばコーヒーメーカーは、樹脂の臭いが消えず、改良を依頼すると対応してくれるのですが、解決されません。本気のデザインに思えたのですが、結局はオシャレ雑貨だったんだと思います。

日本では、デザインという言葉に「チャラチャラしたもの」というニュアンスもあります。でも北欧のような国々で使われる「デザイン」には、真っ当でクオリティーの高いものという意味合いを感じます。よく日本はデザイン大国だと言いますが、その「デザイン」の意味がヨーロッパと違う。日本でも、デザインという言葉がもっと違う意味で使われるようになってほしいと思わずにはいられません。

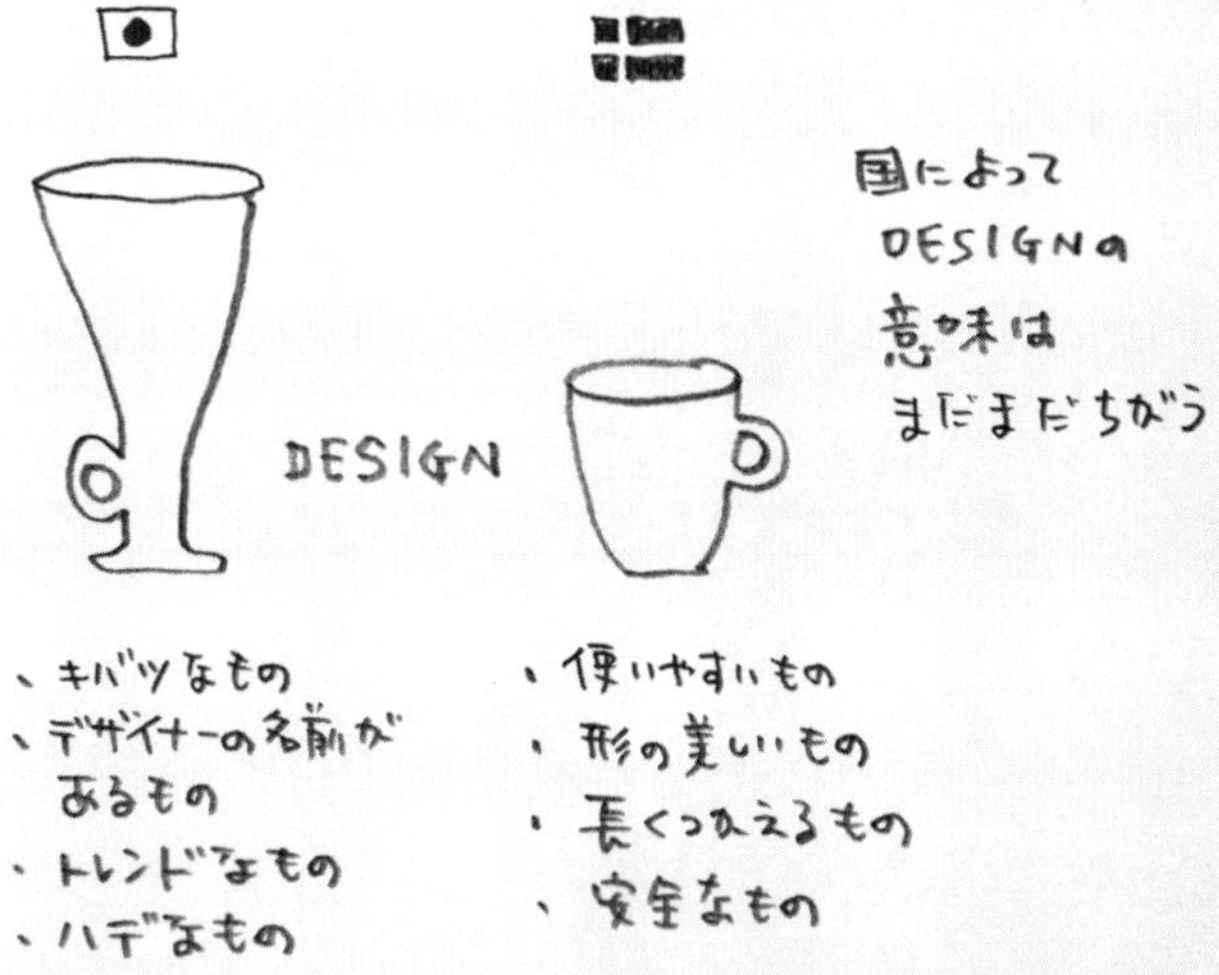
国によって
DESIGNの
意味は
まだまだちがう
DESIGN
・キバツなもの
・デザイナーの名前があるもの
・トレンドなもの
・ハデなもの
・使いやすいもの
・形の美しいもの
・長くつかえるもの
・安全なもの

Q ディスプレイや販売方法の注意点は？

A1 不自然なディスプレイで衝動買いを誘わない。

巨大なダイニングテーブルに人数分の美しいランチョンマットを敷き、花や大皿で華やかに飾り付けたディスプレイ。そんな夢のようなシチュエーションを、D&Dの店頭で見せることはありません。「伝える店」にとっては、実際に使われるものを扱い、使われるように見せることが大切。お客さんに過剰な夢を見させて、衝動買いを誘っても、そんな買い方をしたものは長く大切にされるでしょうか。

D&Dの店頭のディスプレイは、すべてお店のスタッフがやっています。彼らにいつも言っているのは、「お客さんの衝動買いをやめさせよう」ということです。それでもあり得ない場所に花が飾ってあったりします。売り物をすてきに見せたい一心なのでしょう。しかし、それはイメージでものを売ってしまうことにつながります。すると商品とお客さんの関係は、長続きしないものになってしまいます。僕らは実際に、買い物をしようとしているお客さんに「それなら買わないほうがいいです」と言うこともあります。大きなお世話かもしれません。でも衝動買いするものには思い入れがなく、きっと愛着もわきません。すぐに捨てられてしまうかもしれないし、人にあげるのも抵抗がないものです。手にしたものがロングライフデザインであっても、関係が長続きしなければ、意味はありません。

商品の見せ方について僕らが意図しているのは、あくまで生活の中で実際に使うものだと気付く「きっかけ」をつくること。非日常的なかっこよさの演出もしませんし、スポットライトも浴びせません。

またコンクリート打ち放しの床に家具を置くよりも、ラグを1枚敷いてから家具を置くほうが、やっぱり反応がグッとよくなります。床がコンクリート打ち放しの家に住んでいる人など

非日常的な
カッコだけの
演出はしない

いないからです。そのことに気付かずD＆Dのオープン当初は、ガランとした空間に家具を置いて、こんなにかっこいいのになんで売れないんだろうと悩んだものでした。

ディスプレイのコツは、生活の具体的なシーンを見せて、お客さんの気持ちのスイッチを入れることです。これは僕がD＆Dを始めたころ、いろいろなインテリアショップに足を運び、自分なりに研究して気付いたことでした。プロのディスプレイには、ちゃんと意味があったのです。

商品を売るということは、ものがD＆Dから自立して、お客さんのもとで新しい生活を始めるということ。「お前、大丈夫か？　この人とうまくやっていけるか？　いい関係を築けるか？　よし、じゃあ行ってこい！」という気持ちで送り出します。お客さんに対しても「こいつはこういうやつなんです」という話をたくさんしたい。お客さんが、商品をよく理解した上で、買い物をする。そんな当たり前のことを、「伝える店」は着実にやっていくべきだと思います。

A2

リサイクル品を使って、売り場の雰囲気づくりを。

商品構成についての説明で触れたように、ロングライフデザインをただ並べているだけでは、売り場に変化がありません。その中にリサイクル品をひとつ混ぜるだけで、売り場全体が変わって見えることがあります。これもお客さんの気持ちのスイッチを入れるテクニックといえるでしょう。

D&Dで扱うリサイクル品は、ほとんどが地域のリサイクルショップから買い取ったもの。数十年前につくられ、さまざまなルートを経てリサイクルショップの店頭に並び、D&Dのスタッフが発見したということです。リサイクルショップで買うことを、僕らは「レスキューする」「救助する」と言っています。もしもリサイクルショップで売れなかったら、そのまま廃棄処分される運命にあるデザインを、もう一度、世の中に流通させる行為に思うからです。

新品の商品たちが並ぶ売り場の中に置くと、使い込まれたリサイクル品はとても生き生きとして見えます。新品からすると、年季を経たロングライフデザインのリサイクル品は、ホームタウンに帰ってきた大先輩。「かっこいいね、俺たちもあんな先輩になりたいね」という声が聞こえてきそうです。リサイクル品のほうも「お前らも、俺みたいにいい年の取り方しろよ」という感じ。そんな関係性は、お店に独特な雰囲気をつくり出します。

D&Dでは、リサイクル品の希少価値が高いからといって、プレミア価格を付けることはあ

使いこんだら
こんなに
なるんだ
カッコいい!!
NEW
USED

新しい商品の中に
中古品をまぜてならべる
ロングライフデザインスタイル

りません。珍しいかどうかに関係なく、どれも同じロングライフデザインだからです。新旧のアイテムが、同じように店頭に並ぶことによって、僕らの考え方が伝わりやすくなるのではと思います。それは、すぐれたデザインの価値を世の中に浸透させることにつながっていくはずです。

A3

商品にフィットする什器を見極める。

オープン当初、D&Dの店頭什器はリサイクルショップで入手した収納家具で、それ自体が売り物でもありました。ロングライフデザインを扱うリサイクルショップとしてスタートしたので、什器も新品を使う気にはならなかったのです。つまり什器を持たないという発想でした。でもリサイクルの収納家具はとても人気があり、売れるたびに中に並べているものを全部出して、別の家具に詰め替えなくてはなりません。什器として使えるようなものが、なかなか手に入らないこともあります。

やがて店頭什器には、グレーの工業用スチールシェルフを使うようになりました。工業用スチールシェルフにはパテントがなく、いろいろなメーカーから安価で販売されています。いつでも同じものが買い足せて、商品構成に合わせられるフレキシビリティーがあり、耐久性も高いので、うちのようなお店の什器にはぴったりでした。ピシッと組み立てるのは重労働ですが、人手があればなんとかなります。

注意しなければならないのは、工業用シェルフを使うと売りにくい商品があるということです。極端に言えば、工業用シェルフに500万円のダイヤモンドを展示しても、誰もそんな価値があるものだと思いませんよね。アルネ・ヤコブセンの数万円するランプも、工業用シェルフに置いてあると売れません。つまり什器と価格帯には相性がある。シェルフの棚板の上に、天然木の板を1枚置くだけで、商品の売れ方は変わります。これもかっこつけてやっているわけではなく、商品の価値を過不足なく伝えるテクニック。「伝える店」も、お店として活動している以上、そのための細かい工夫や努力を忘れてはいけません。

A4 セールや催事をするなら、付加価値を与えること。

お店の中に、セールのコーナーをつくる。または季節に合わせた催事のコーナーをつくる。これはお店が人を集め、売り上げを伸ばすための常とう手段ですが、僕らはそこに疑問をもっています。値段やタイミングによって、必要のないものを無理やり買わせようという意図が、そこに感じられるからです。

今は「オープン価格」に押されてあまり見られなくなりましたが、僕は「メーカー希望小売価格」という考え方が今も大好きです。メーカー希望小売価格は、その製品を開発したメーカーが、ものの価値にふさわしいと考えた価格を表したもの。商品にはこんな特長がある、だからこの値段で買ってください、というメッセージです。しかしオープン価格は、市場の中で求められる価格の反映になってしまいがちです。量販店の価格破壊も、この価格提案の変化と関係しています。

値引きや低価格化は、お客さんにとってメリットだということになっています。しかしお客さんにとっても、そこで欠落するものがきっとある。たとえば、ものへのありがたみや、つくり手への思いのようなものです。コム デ ギャルソンの川久保玲さんが、「意味のある本物は高い」と言っていましたが、僕もそう思います。安く売ることによって失われる意味について、ものを売る立場にある人は真面目に考えなければいけないと思うのです。ファッションのよう

在庫を持つ以上、
SALE的なことは
なかなか
避けられない
SALE
新しい
SALEを
考える

にはっきりしたシーズンと、シーズンごとの流行があって、年2回のセールですべて売りさばいていくやり方は、デザインと人の関係という視点からすると、とても残酷な仕組みに思えます。

しかし、商品を仕入れて売るという仕事をしていると、現実問題として、大量の在庫を持ち切れない事態になることは必ずあります。では、その在庫をどうするか。ただ値引きをして、たくさん売るというセールではなく、付加価値をしっかり伝えられる、セールに変わるものを模索しているところです。

安くして売るということは、ただものが動いただけのように思います。メーカーもお店もただ売れただけ、買った人もただ買っただけのような。ほしかったものがセールで安く手に入ったら、僕でもうれしいとは思います。しかし、すべてを真っ当に「ちゃんと買う」ほうが、巡り巡って生活にも心にもしっかり残ると思っています。「伝える店」とは、それを感じられる場所でなくてはなりません。

Q リサイクル品の仕入れ方と売り方は？

A1 リサイクルショップでの仕入れは、草の根運動と同じ。

D&D東京店は、ロングライフデザインのリサイクルの場としてスタートしました。現在は、ロングライフデザインの定義に沿った新しいプロダクトや復刻製品がずいぶん増えましたが、今もリサイクル品は商品構成に欠かせません。

地方にあるD&Dの各店も、リサイクル品を必ず扱います。東京本部からリサイクル品を仕入れることもありますが、各店のスタッフが地域のリサイクルショップから仕入れることがとても重要と考え、行っています。開店準備の段階で、何度か僕が現地のスタッフと一緒に地元のリサイクルショップを回ることにしています。あらかじめ店の目星を付けておいてもらい、D&Dにふさわしいリサイクル品を店頭で買います。

リサイクルショップの店頭にあるものを買って、自分たちのお店で再び売るので、リサイクル品で大きな利益を取ることはできません。それでもリサイクル品を扱うのは、ひとつはすでに説明したように、店頭で重要な役割を果たすから。もうひとつは、この活動で地域のリサイクルショップの意識を変えたいと思っているからです。

地域のリサイクルショップは、地元で捨てられようとしているものの言わば最終引き取り窓口。その店が引き取らなければほぼ捨てられます。引き取ってもずっと売れなかったら、やはり廃棄処分です。僕らがリサイクルショップでロングライフデザインな視点でそれを買い取れば、そこからサイクルが生まれます。「自分の店では売れなかったが、あいつらが引き取ってくれる」とわかれば、リサイクルショップは似たようなものを買い取るようになるのです。リサイクルショップを教育するというと大げさですが、これはよいデザインをゴミにしない文化をつくる草の根運動なのです。

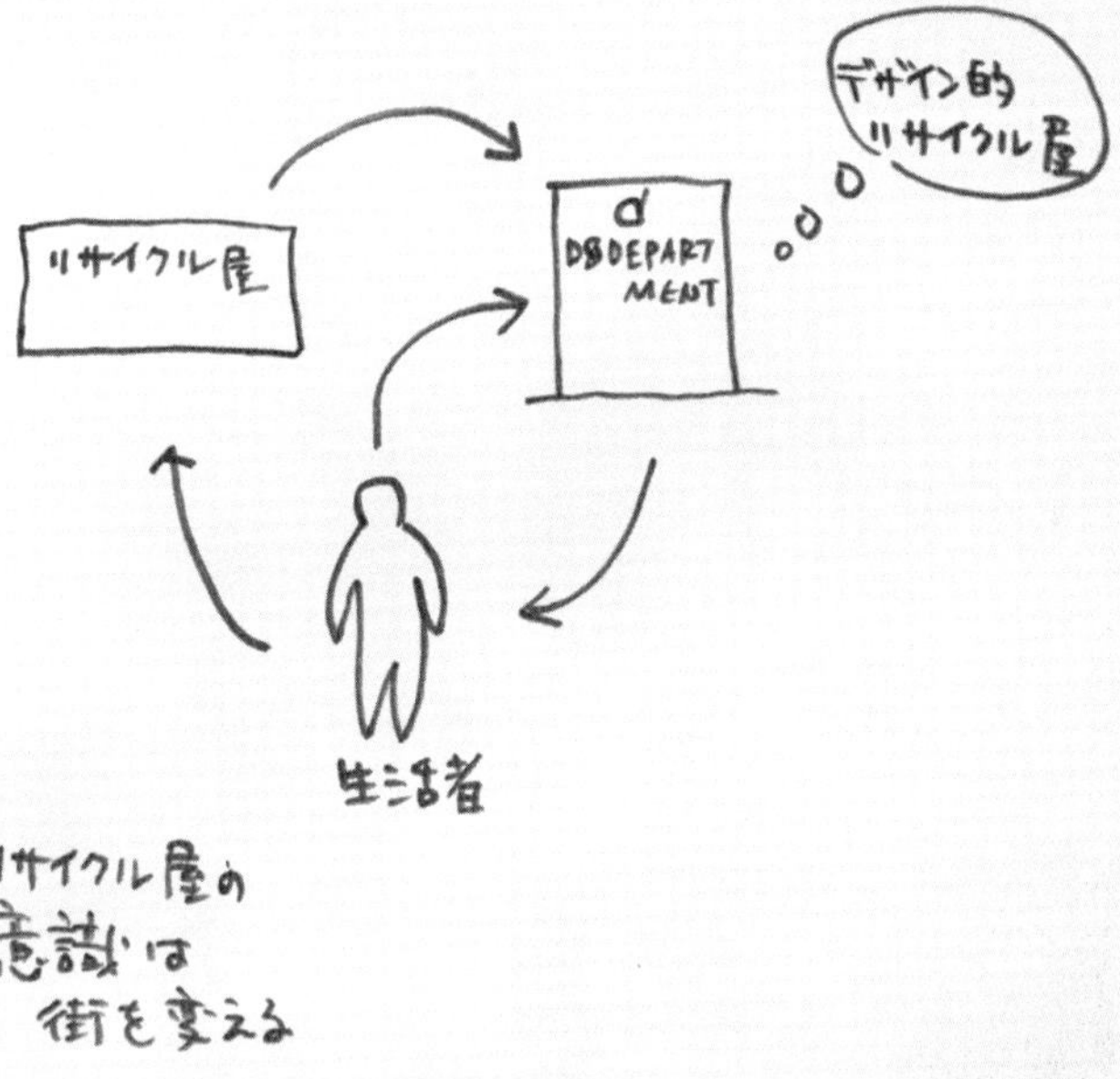
デザイン的
リサイクル屋
リサイクル屋
D&DEPART
MENT
生活者
リサイクル屋の
意識は
街を変える

A2

リサイクルショップでいきなり値切らないこと。

仕入れるために回るリサイクルショップは、東京近郊では30~40店ぐらい。クルマで回りながら、その場で買い取っていきます。このやり方は「魚群探知機のない遠洋漁業」のようなものですが、他に方法がありません。リサイクルショップに電話しても、こちらが探している商品の感覚は言葉では伝わらないし、考え方を理解してもらえないからです。

では、どんなものがD&Dらしいリサイクル品なのか。その基準をマニュアルにできればいいのですが、はっきりと定義することはできません。トレンドは関係ないし、需要があるかどうかもあまり考えません。ブランドやデザイナーも、目安にはなりますが、絶対ではありません。形、素材、仕上げ、機能などが全体としてロングライフデザインと呼べるかどうか、生活に取り入れてずっと使えるかどうかが、基準といえば基準になっています。修理の難しい電化製品やキャスター付きの椅子などは、基本的に仕入れません。

リサイクルショップとのコミュニケーションで気を付けているのは、最初から値切らないということです。パートナーショップのスタッフと一緒にリサイクルショップで買おうとすると、そのスタッフが初対面のリサイクルショップの店主に値切ろうとすることがあります。本人としては、なるべく安く買うことで利益をあげようというつもりでしょうし、どれだけ安く買えるかという面白さがあるのかもしれない。でも値段を交渉することで、売り手と買い手の関係は一気に商売になってしまいます。

礼儀をわきまえて、相手の言い値で買っていると、お店とお客を超えた関係がやがて生まれます。すると、そのリサイクルショップに行くことがとたんに楽しくなってきます。10回買えば、1回ぐらいは向こうから「まけといてあげるよ」と言ってくれます。こうした関係は、自分が実際にものを売るようになると、良さがいっそうわかるようになるでしょう。礼儀をふまえ、相手と関係をつくっていく姿勢は、デザイントラベル誌『d design travel』の取材でも同じことが言えます。

またリサイクルショップ以外では、ホテルや会社の備品として使われているものを、一括仕入れすることもあります。知り合いの建築家やインテリアデザイナーが、ある物件をリノベーションするときなどに、「こんな家具があるよ」と教えてくれることが増えました。物件の持ち主にとっては、廃棄料を払って処分するはずのものが売れるということで、喜ばれたりもします。ただ、解体工事の現場としては一刻も早くその場からなくしたいものでもあるので、椅子を一脚ずつ選別する時間など与えられません。現場にコンテナを運んで、数百脚の椅子を一括買い取りしたこともありました。そんな数の家具をまとめて買い取り、保管して販売する業者は、他にありません。D&Dでは、大量に仕入れたリサイクル品はパートナーショップ各店に振り分けて販売しています。

A3

本当の価値を見極めて値付けする。

リサイクル品に値段を付けるのは、なかなか難しい作業です。D&Dの場合、リサイクルショップでの買い値と僕らの店頭での売り値は基本的に関係ありません。リサイクルショップとしての商売で考えたら、仕入れ値がいくらだから何割を上乗せして販売価格がいくら、という計算で商売するでしょう。一方、骨董屋では時代、希少性、相場をもとに、だいたいの値段が決まってきます。D&Dはそれに似ていて、自分たちが考える、そのデザインの本質的な価値の再発信をしたい。「このデザインはこの値段で流通させたい」という店主の希望価格が、店頭での価格になります。もちろん、そこに流行のプレミア分を上乗せすることはありませんが、希望する価値としてのプライスは付けています。

では、そこにどんなロジックがあるのか。「みんなが気付くかどうかわからないけれど、お前にはこれくらいの価値がある」という気持ちを、リサイクル品に対してもつということです。もちろん店頭で、お客さんから価格について質問されたら、その理由を具体的に説明できなければなりません。さらに同じロジックが、地方のD＆Dにも共有される必要があります。そのためにもパートナーショップのスタッフと一緒に、リサイクルショップを回る必要があるのです。

クルマで回って、買ったものを運び、お店に移動するのは、相当な肉体労働。その苦労に見合った利益が出るとは限りません。でもこれは、仕入れというよりはレスキュー活動です。地道ですが、その地域の人々のデザインへの思考が、少しでもいい方向に変わっていったらいいなと思ってやっています。

A4
古いものには、グッドデザインのヒントがある。

D&Dでは、2002年から60VISIONというプロジェクトを進めています。これは1960年代に日本のメーカーがつくった製品の良さを認め、現代の定番にしようという活動です。多くの日本人デザイナーが世界に通用する製品の開発に取り組み、すばらしいデザインが数多く生まれたのが1960年代。たくさん売ることを目的にするのではなく、人々にとって普遍的に必要なものを探求する姿勢が、そこにはありました。

1960年代のデザインに、すぐれたものが多い。僕がそう気付いたのは、2000年のD&Dのオープン以前に、リサイクルショップでよいデザインのものを買い集めていたころのことです。D&Dのカフェで使う椅子として候補にあがったのが、1960年代のカリモクの椅子でした。この椅子はネジが取れていたので、カリモクに問い合わせると、製品自体がまだ廃番ではないとわかりました。

この椅子をD&Dで扱い始めると、店頭でも、雑誌などのメディアでも、驚くほどの注目を

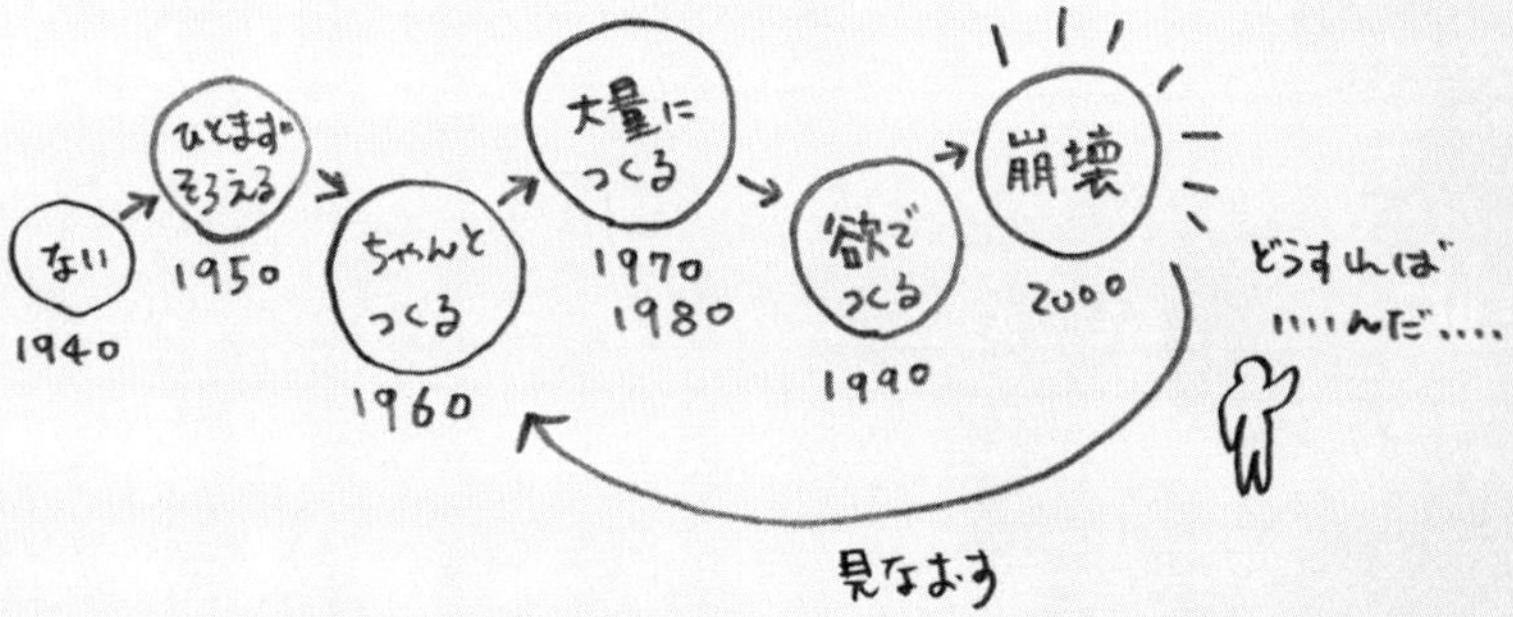

ない
1940
ひとまず
そろえる
1950
ちゃんと
つくる
1960
大量に
つくる
1970
1980
欲で
つくる
1990
崩壊
2000
どうすれば
いいんだ....
見なおす

集めるようになります。やがてカリモクと組んで「カリモク60」というブランドを立ち上げたのが、60VISIONのスタートです。1960年代のデザインを甦らせる活動は、その後もエース、ノリタケ、マーナなど多くの国内メーカーを巻き込んで広がっていきました。廃番商品を復刻することもあれば、長らく存在感のなかった商品にあらためてスポットライトを当てることもあります。もしもリサイクルショップで1960年代のカリモクの椅子に出会っていなかったら……、60VISIONは始まっていなかったと思います。

Q

ショップツールのデザインの考え方は？

A1

デザインしないデザインを貫く。

D&Dの母体はデザイン事務所で、僕自身がグラフィックデザイナーでもあります。D&Dを始めるとき、それまでは依頼者があって仕事をしていたのが、今度は自分の店なので思い切り自由にデザインができると、ちょっとワクワクしました。しかし「ものをつくらない」がテーマのリサイクルショップで、真新しいショッピングバッグをつくるのはおかしいと、すぐに思

参加する
意識の
象徴をつくる

い直します。

オープン直後の2、3カ月は、旅館から引き取った浴衣や、廃業した反物屋の商品の布を社内で縫って、ショッピングバッグにしていました。デザイナーのスタッフが仕事の合間につくるので、1日に何枚もできませんが、それで間に合うぐらいにお客さんも少なかったのです。やがて取り入れたのは、他のお店で使われたショッピングバッグにD&Dのガムテープを貼って使うという、リサイクル・ショッピングバッグのアイデアでした。D&Dでは、東京店をはじめすべてのパートナーショップで、このリサイクル・ショッピングバッグを使っています。

実際に店頭でリサイクルのショッピングバッグを使ってみたら、評判は悪かったですね（笑）。このバッグの意図を一人ひとりのお客さんに説明するのですが、当時は10人中8人から、恥ずかしいので普通のショッピングバッグにしてほしいと言われてしまいました。そのため、わざわざ包装用品の問屋さんから無地の白い紙袋を仕入れて、用意しておかなければなりませんでした。そんな思い出のあるショッピングバッグも、だんだんと定着していきました。環境問題への意識が高まってきたりと、時代の変化も大きかったのだと思います。

当初、リサイクル・ショッピングバッグのアイデアは、コンセプトとしては面白いけれど、本当にうまくいくかどうか自分でも確信がありませんでした。使用済みの紙袋を、お客さんに大量に持ってきてもらうのが前提だからです。東京店の規模の店舗では、1日に300〜400枚のショッピングバッグが必要です。それも大小4、5種類は必要で、重いものを入れるときは重ねて使ったりもします。それだけの量の紙袋を確保することが、お客さんへの呼びかけだけで可能なのかどうか。

しかし実際に軌道に乗ってくると、十分にストックできるくらいに紙袋が集まってきました。レジで一声かけると、お客さんが自主的にお店に持ってきてくれるのです。地方のお店でも同様なので、誰もが紙袋の処分に困っているということでしょう。しかしながら紙袋を持ってきてくれたら値引きするような仕組みもありません。お客さんは、どちらかというと「もらってくれて助かる」という気持ちのようです。最近では「この紙袋がほしい」「このガムテープは買えないのか」という外国からのお客さんがいるほどです。

「伝える店」で特に大切なのは、お客さんがお店の活動に参加している意識をもてること。リサイクル・ショッピングバッグは、お店とお客さんをつなぐツールになり得ているのです。プレゼントや、結婚式の引き出物を発注されたときなど、リサイクルでない袋を希望されることもあります。それでも僕は、この袋を使ってほしいとお伝えします。一瞬の美化よりも、意識の変化をうながしたいのです。小さい工夫ですが、こういうアイデアは重要だと感じました。

A2

ギフトラッピングも、再利用できるものを。

「ものをつくらない」という考え方は、ギフトラッピングにも共通しています。D&Dのギフトボックスは、靴箱をつくっている工場の規格ものをそのまま使っています。靴箱はもともと幼児用、紳士用、ブーツ用などのバリエーションがあるので、プレゼントの大きさに合わせたサイズが選べます。この他に、業務用のアイスクリームを入れる紙の容器などをギフトボックスに使っています。

ギフトというのは、自分のために必要なものを買うのとは違い、相手に喜んでもらうのが目的です。華やかなギフトボックスにも、十分意味があると思います。引き出物を入れるきれいな箱がほしいとリクエストされたら、デザイナーとしてはデコレーションした箱をつくってみたい気持ちもあります。

でもD&Dとしてやりたいことは、それとは違います。かっこつけた箱ほど、一度しか使われません。リサイクルしやすい靴箱やアイスクリームの箱とは、ここが大きく違います。すご

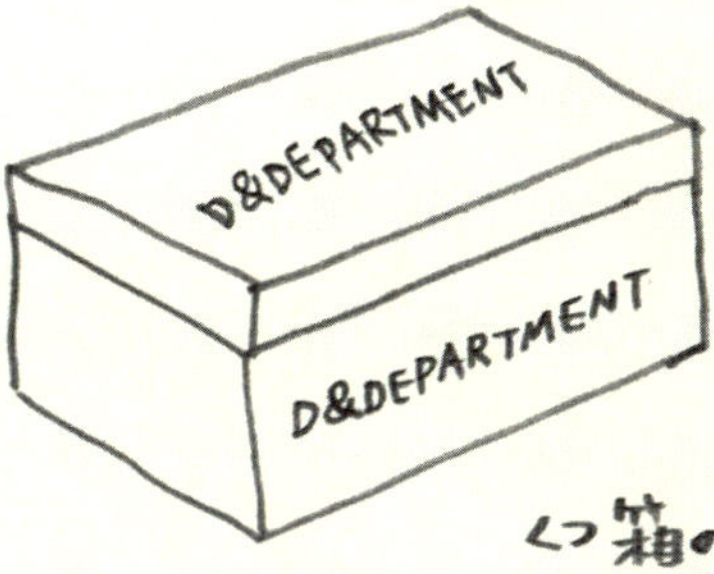

くつ箱の工場に頼んで
つくってもらっている
D&Dの
ギフトBOX

くお金をかけたら、シンプルでありながら美しく、とっておきたくなる箱もできるでしょう。でも、それが正解だとは思えないのです。箱はあくまでシンプルな既存のもので、美しいリボンを用意する。これが、僕らがコンセプトのせめぎ合いの末にたどり着いた結論です。

今後、地方のD&Dでは、ギフトボックスにふさわしい箱を地元で発見することもあるでしょう。バリエーションはたくさん考えられます。それが地元のものづくりとつながっていったら、いっそうすばらしいと思います。

Q

ウェブサイトでできること、できないこととは？

A1

ウェブサイトでの〝商売〟はあまり考えない。

リサイクルショップで見つけたデザインのいいものを売ることで、ロングライフデザインの価値を広めたい。そのための僕の最初の活動は、自分でデザイン事務所をやっていたこともあり、ウェブストアをつくることでした。ウェブストアといっても、趣味で買い付けた7点のリサイクル品を載せただけで、興味のある人は電話をくださいというシステム。始めてみると意外に好評で、やがて自分のデザイン事務所を週末だけ開放して、リサイクル品を販売するようになりました。お客さんが増えたので、せっかくだからとコーヒーを出すようになったのが、その後のカフェの原点ともいえます。

結果的には、D&Dの原点はウェブストアだったわけです。コンセプトを伝えるためのツールとして、またダイレクトな反応を得るためのメディアとしては、インターネットはとても有効です。しかしウェブで商売をやろうという気持ちは、僕には最初からさらさらありませんでした。今もウェブストアを活動の中心に置くという考えはありません。それにはいくつかの理由があります。

たとえばウェブストアで買い物をするお客さんは、お店で買い物をするお客さんとは明らかに違います。路面店としてのD&Dで買うお客さんのほとんどは、駅からの長い道を歩いてお店に来て、その空間の中でものの魅力を確かめ、スタッフと対話した上でお金を払います。しかしウェブストアでは、僕らの活動を知らない人も、気軽にものが買えてしまいます。こういう言い方は変ですが、クレームを言ってくるお客さんはウェブストアのほうが多い。店頭で僕らが愛情をもってお客さんとコミュニケーションしていることと、同じことをウェブサイトでしようとしてもなかなか難しいのです。

D&DEPARTMENT
きっかけとしてのWeb
あくまで実際の場所をメインと考える

A2

「活動」と「商売」のバランスを取る。

現在のD&Dのウェブサイトの目的は、活動内容を伝えることと、どうしても店に来られない人のために製品を販売することです。このふたつのバランスについて、社内でずっと考えていました。活動報告のボリュームを増やすと、買い物しにくいサイトになる。買い物しやすいサイトにすると、ウェブストアの売り上げは増えますが、それがD&Dらしいと言えなくなってくる。ふたつの要素を切り離せば、サイトとしてはわかりやすくなりますが、僕らの活動は物販と結び付いているものです。その活動と商売のバランスをサイトでつくるのは本当に難しいのです。

そもそもウェブサイトという仕組み自体が「伝える店」の存在意義と合わないのでは、とも考えました。「伝える店」は、お店が地元との結び付きを大切にして、その場を起点に人やもののつながりを活性化させていくもののはずです。しかしサイトがあると、人やものはバーチャルにつながることができる。つまりお店というリアルな場の存在意義がなくなってしまいます。お店にかぎらず、コミュニティーをテーマに活動している人たちの多くが、ウェブサイトの位置付けに悩んでいるのではないでしょうか。

たとえばD&Dの活動や商品の情報は、すべてFacebookやSumallyなどのソーシャル・ネットワーキング・サービスで発信することにして、販売は楽天などの既存のeコマースを通して行う。このように、インターネットでも自分たちが何かをつくるのではなく、既存のプラットフォームに載せて活動することも、今後の選択肢としてあり得るでしょう。それでも残る問題はありますが、かかるコストは大きく下がります。もちろん現在のD&Dのウェブサイトに満足はしているのですが、「伝える店」のウェブサイトのあり方について悩みが尽きないのも、また事実です。

A3 試行錯誤しつつ、ブログで情報発信。

僕らのウェブサイトで、お店とお客さんとをつなぐツールとして最も重視しているのはブログです。各店のスタッフが、最近の活動や入荷してきた商品などについて文章と写真を載せていきます。パートナーショップについては、準備室ができた段階で、本部のスタッフが準備の進展をブログで随時報告します。そして物件の契約が済んだ段階で、パートナーにログインコードを渡し、自分たちで文章や写真をアップしてもらうのが流れです。理想は週1回更新。実際にはなかなか達成は難しいのですが、イベントはすべて公開するのがルールなので、何か出来事があったら必ずリポートが掲載されます。

ブログの内容や文体についても、今まで紆余曲折がありました。スタッフの書く文章が子どもっぽく思えて、各店のブログを立て続けに休止した時期もあります。2010年、ウェブサイトの構成を大きく変えるのに際して、あらためてブログを復活させることにしました。内容やトーン&マナーのレベルにこだわっていると、コミュニケーションが生まれないと判断したからです。現在は、アップされたものに口を出すことも、原則的にありません。仮にブログのマニュアルをつくっても、普段から忙しく働いているスタッフが頭に入れるのは難しいでしょう。

D&Dらしさをブログで表現するためには、マニュアルをつくったり、本部がチェックするよりも、スタッフ全員の意思疎通を高める努力をすべきだと考えるようになりました。仲間にするスタッフを、面接の段階できちんと選ぶことも重要でしょう。これは、D&D静岡店のスタッフのレベルの高さを間近で見て、僕があらためて感じたことでもあります。マニュアルをつくるより、褒めて競い合ってもらうほうが楽しくていいと思いました。

A4

ウェブサイトの写真や文章は、あくまで正直に。

D&Dのウェブストアは、お店のスタッフが写真を撮り、説明文を書いています。いつも気を付けているのは、商品を現物以上に見せないこと。かっこいいイメージ写真を載せるのは禁止です。店頭でのディスプレイと同じで、お客さんに過剰な夢を見せて買わせたり、衝動買いを誘うのは、誠実な姿勢とは思えないのです。先日、テーブルと椅子を合わせた写真がウェブストアに載っていました。よく見ると、低めのテーブルと高めの椅子を組み合わせていて、実際には座ることができません。でもそれがかっこいいと、ついやってしまうのです。悪いクセだと思うのですが、なかなかなくなりません。

また原稿は、商品を試用したスタッフやバイヤーが、自分の名前を出して書くことにしています。誰でも読めるところに文章を書く以上、社会に向かって責任を持ちなさいということです。みんなプロの書き手ではないので、必ずしも文章がうまくないし、専門知識がないのも仕方がない。現場でものを扱う立場を生かして、素人丸出しで、実感したことを伝えきってほしいと考えています。本当に使ってわかることは、使い手にとって必ず有益な情報になります。

実際のところ、ウェブストアでものを売るのにいちばん簡単な方法は、安さをアピールすることでしょう。ふたつ買ったらいくら値引きするとか、期間限定で送料無料とか、そんな企画は生活者にとってはとても魅力的です。僕らも送料無料キャンペーンをしたことがあります。確かに売り上げがアップしました。でも値引き合戦に踏み込んだら、さらに下げ続けるしかないし、それはあり得ない。送料無料でないと買ってくれないお客さんには、涙をのんで、他の店で買ってくださいと言うしかありません。僕らにできるのは、安さではない価値を、リアルな言葉でしっかりとお客さんに伝えることだと思っています。

Q お店にとって有意義なイベントのあり方とは？

A1 イベントは、勉強したいお客さんのための仕組み。

D&Dの各店では、定期的に勉強会やイベントを開催しています。僕らにとって、デザインの背景にあるものを伝えることは、とても大切な活動です。参加費をもらうことが多いのですが、運営実費でしかなく、これは売り上げにはなっていません。東京店はもちろん、全国のパートナーショップでも、こうしたイベントを積極的にするのがルールになっています。

自分から
「勉強したい」と
思っている人をいかに
あつめられるか

「d勉強の会」は、2006年に始まった企画です。ものづくりに関することはもちろん、お米、コーヒー、だしなどの食関連から、落語や能、オーケストラといった文化的なことまで、多彩なテーマを取り上げてきました。その道の専門家の方に声をかけて、僕が対談をしたり、実演をしてもらったりします。10人程度で工場見学に行くこともあれば、100人以上の規模のイベントになることもあります。

勉強会は、もともとはスタッフのためにしていたことです。接客などのマナーや商品知識を、社内で共有するのが目的でした。そのうちに、お店の常連さんで、特に僕らの活動に強い興味を持つ人たちの中で、勉強会に参加したいという声が多くなりました。そして特別参加枠をつくり、そんな人たちがだんだんと増えて100人を超すようになると、そのための仕組みづくりが必要になってきます。そこで、一般のお客さんにも告知をする現在の「d勉強の会」のスタイルができあがりました。

「伝える店」は、ただ何となく気の合う人が集まる場というだけでは不十分だと思います。D&Dの場合は、自分から勉強したい、お店の活動に参加したいというお客さんが確実にいます。そして僕らは、ものを売り、場所を提供するだけではなくて、そのための仕組みをきちんとつくっていきたいと考えています。

A2

意識を高める活動は、売り上げにつながります。

なぜD&Dの勉強会で、だしの取り方を習うのでしょうか。落語を観に行くのでしょうか。それは、僕らが扱うデザインの背景には必ず日本的な文化や風土があり、そこから知っていくことが実はとても大切だと思うようになったからです。

D&Dで売っている漆のお椀。それを買ってもらうには、自分でお味噌汁をつくる生活があるべきです。そして、だしを取って味噌汁をつくる生活は、ゆったり過ごすゆとりのある人生と結び付いていています。クラシック音楽を聴く、古典落語を聞く、自然の美しさを感じる……。そんな時間の過ごし方を身に付けることなく、今のギスギスした忙しい時間軸の中でただ漆のお椀をもち、たまに使うだけでは寂しいのです。

お椀づくりの実演を見て、歴史的背景やものづくりの経緯を知って、十分にひかれて漆のお椀を手に入れても、実際に暮らしの中で活躍しないと本当の意味に到達していません。100年使える漆のお椀も、使わなかったらゴミになります。そのためには、漆のお椀がある生活の

ものを通じて
お客さんも
店のスタッフも
よき生活に関心をもつ

豊かさを実感してもらうのがいちばんです。だからといって落語の会を催すのは、気の遠くなるような話ですが、いつかは自分たちに返ってくるのではないでしょうか。もちろんスタッフにとっても、そんな経験の積み重ねが役立つはず。勉強会のテーマ選定は、こうした考え方をベースに、僕やスタッフが「知りたい」「楽しみたい」と思う素直な気持ちで企画しています。講師を務めてもらう方は、取引先であったり、お店のお客さんであることが多いのも特徴です。東京店や大阪店などで歌ってもらったテノール歌手の井澤章典さんは、大阪店のお客さんでした。勉強会を通じて、お客さんと僕らが重なっていく。これも「伝える店」にとって大切なことのひとつです。

A3 接点のない人を引き込む努力をする。

勉強会は、D&Dのお店を使ってやることが大半です。また工場見学など外でやる場合は、お店を臨時休業することもあります。イベントの開催中だけでなく、その前後にも相当の時間と手間が必要になります。

夕方からカフェでイベントをして、その後にパーティーをするときは、15時がラストオーダーで16時に閉店。椅子を移動して、会場設営をして、終わったら後片付け。その間は売り上げがありません。日々の売り上げで成り立つお店にとって、この損失は大きい。だからイベントの時間帯によっては、夜の営業開始時間までに復旧を間に合わせます。売り上げが順調だった月のはずなのに、なぜか赤字になっている。理由を調べたら、勉強会だったこともありました。

しかし勉強会やイベントは、接点のなかった人にD&Dに来ていただくチャンスです。最近はtwitterやfacebookで、イベントの情報が一瞬に広まります。僕らのことを知らない人や活動に特別興味をもっていなかった人も、イベントの内容には関心をもってくれることがあります。だから勉強会は、その内容によって客層がずいぶんと違います。一方で、ほとんど毎回来てくれる人や、お店の近所の人もいるのが面白いと思います。

お客さんのほとんどにとっては、D&Dの立地は、来やすいところではありません。それでも人を呼び込むためには、勉強会のレベルを上げなければなりません。告知についても、いかにも人が集まりそうな企画だからと安心していると、残念な結果になります。すでにあるコミュニティーに頼るのではなく、スタッフ全員がコミュニティーを広げていく意識をもつことで、初めて人が集まる場になるのだと思います。

A4 お客さんが参加できる余地をつくる。

「d勉強の会」は、スタッフの勉強会にお客さんが参加し始めたのが、スタートのきっかけだと書きました。ものを売るお店には、普通、顔がわからないくらいにときどきしか来ないお客さんと、顔がわかる程度によく来るお客さんと、もっと親しい常連のお客さんがいます。しかしD&Dでは、常連さんよりもさらにお店に近いところに、特殊な常連のお客さんがいます。勉強会に参加したいと言い始めてくれたのも、そんな特別なお客さんでした。

彼らはスタッフではないし、パートナーショップの準備室メンバーでもありませんが、D&Dを中心としたコミュニティーの中でとても大きな影響力があります。勉強会などのイベントにも足しげく来て、質疑応答ではシビアな質問をしてくれます。僕らが発信する情報もこまめにチェックして、お店で扱うものやサービスについて積極的に意見を言います。ある有名ファッションブランドの洋服を東京店で扱ったときは、クレームがありました。それも1件ではなく、何件も。「青山で売っているようなものをなぜ扱うのか。あなたたちは、もっと創意工夫をしたり、新しい組み合わせを考える人たちでしょう」と言われました。僕は納得して、すぐに取り扱いをやめました。

こうしたお客さんは、自主的に集まってD&Dの方向性について話したり、独自に工場見学を企画したりもしています。現在は、そこにD&Dのスタッフも交じって、一緒に話し、活動することが増えました。全国の中でここにD&Dが欲しいとか、この県につくるなら一緒に物件を探そうといった、具体的な提案もあります。本当によく見ているし、よく考えている。こういう人たちがコミュニティーを支え、主導しているのです。

「伝える店」は、こういったお客さんが参加できる余地が必要です。お店が主体となってコントロールする部分は60~70%に抑え、残りはお客さんが参加してつくっていく状態が理想だと思います。この60~70%の中でお店を経営し、場所代や人件費を払って、収益をあげていくということです。そして今後は、D&Dがいっそうコミュニティーをベースにする体制を強め、お店に近いお客さんに活躍してもらう領域は増えていくでしょう。すでに現在も、デザイントラベル誌『d design travel』の制作現場では、本部と地方店のスタッフだけでなく、初めはお客さんだった方など、その土地の多くの人と一緒につくっています。

こうしたコミュニティーの力の活用が、D&Dの活動には欠かせません。その延長線上に、

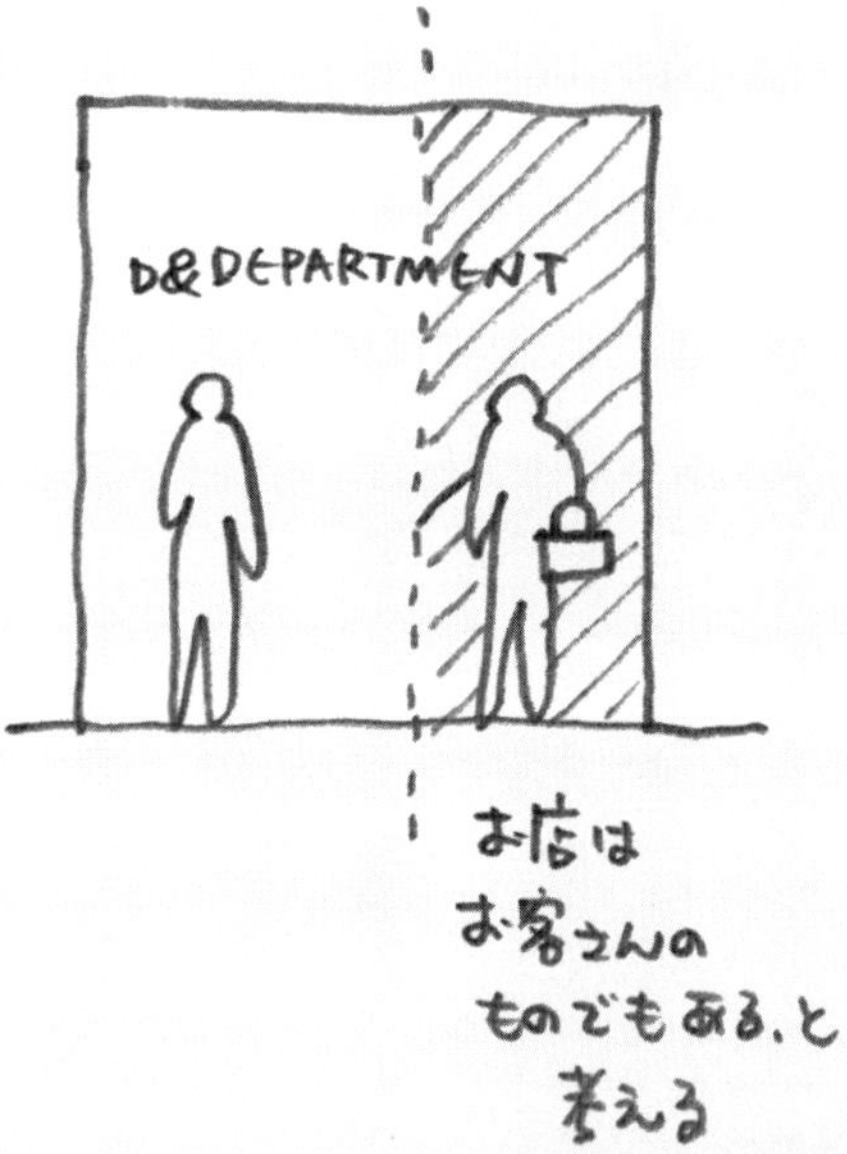
D&DEPARTMENT
お店は
お客さんの
ものでもある、と
考える

D&DのNPO法人化を考えてみたこともあります。しかし、NPOの実情を知った上で、僕らはお店としての活動を選びました。自分たちでお金を回し、リスクを背負ってやっていくほうが、そのリアリティーに対して人が集まってくると信じています。

店が社会的なテーマと向き合っていると、そこに集まる人は初めはお客さんでしたが、やがて参加意欲が増して、その店が店に見えてこなくなります。実際、こうしたお客さんを超えた人は、なかなか買い物をしてくれなくなります。それは僕らと一緒にそのテーマに向き合いたいという気持ちが高まった結果と言えます。D&Dで扱っている商品は、あくまでその社会テーマの結晶のようなもので、結果、一緒にその商品を伝え売りながら、広めることを手伝ってくれたりするのです。

Q 自分たちの地域に人を呼ぶには、どうすればいい？

A1 デザインの視点で観光案内ができるお店になる。

47都道府県にD&Dをつくろうと思ったとき、各店に観光案内所の機能をもたせようと考えました。その地方を訪れた人が、最初にD&Dに立ち寄ると、僕らの視点で選んだ最新の観光情報が手に入る。そんな仕組みをつくりたかったのです。構想したのは、各店に「食」「お茶」「宿」「買い物」「観光」「人」の6冊のファイルを置くこと。ベースになるのは、デザイントラベル誌『d

design travel』の各地域を特集した号に載っている内容です。ここにスタッフが選んだ情報を追加して、常にアップデートしておきます。また旅行客に質問されたら、おすすめを言えるようにします。ただ、各店のスタッフが忙しすぎて、ファイルの更新まで手が回らないのが課題になっていました。

そこで今は、dフライヤーというA4サイズ両面を使った印刷物を店頭で配布することにしています。フォーマットは本部でつくったもので、それをもとに各店が商品、イベント、地域の情報などを載せます。企画の趣旨を踏まえた上で地方店のスタッフが取材して、原稿を書き、写真を撮って、掲載するという流れです。一連の作業を、すべて自分たちでできることが最終目標。発行は月1回が目安です。苦戦しているお店もありますが、静岡店のようにdフライヤーと連動するマップをつくり、レンタサイクルのサービスを始めたところもあります。

今、若い世代が旅するときに求めているのは、有名な観光名所の案内ではありません。もっと地元に密着したものや、地元の人に愛されているものです。忘れてはならないのは、デザインという観点で、その地域のものづくりを見ること。そうすることで、より幅広い人たちが、地域の魅力に気付くに違いないと考えています。

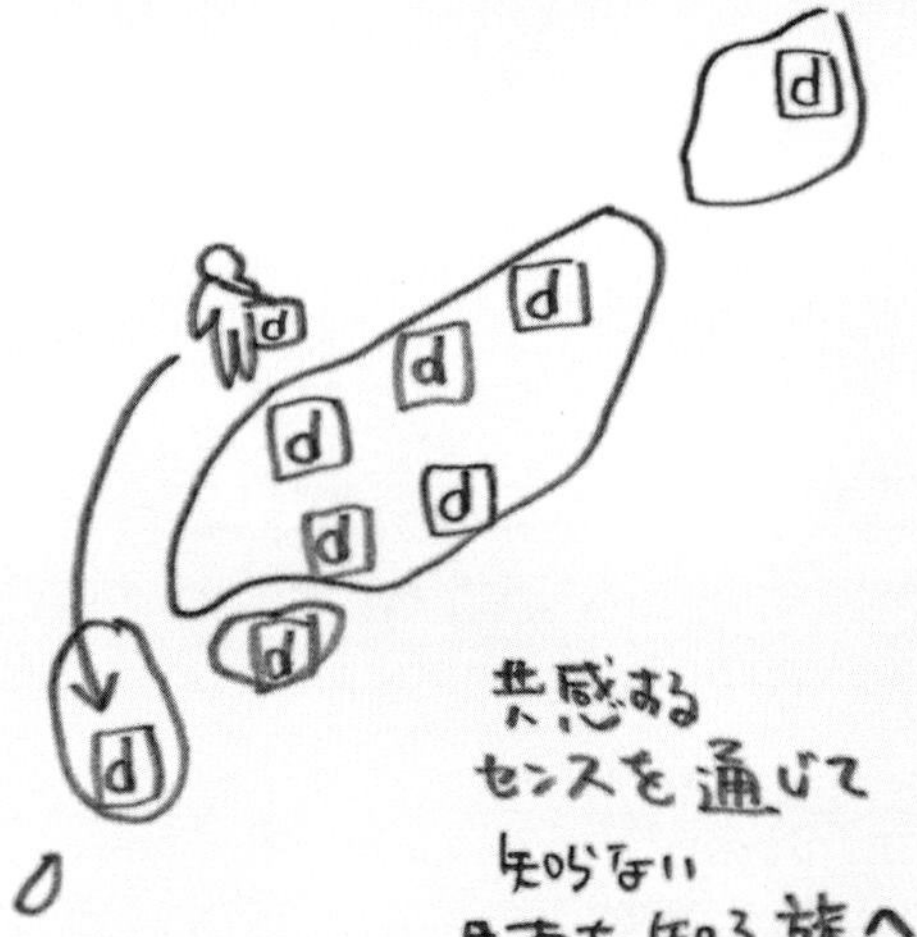
d
共感する
センスを通じて
知らない
日本を知る旅へ

A2

雑誌から、人の輪を広げていく。

デザイントラベル誌『d design travel』は、2009年に創刊したトラベル誌です。前身になったのは、ロングライフデザインをテーマにした小冊子『d long life design』。この小冊子で培ったロングライフデザインの考え方に、トラベルという大きな需要をミックスして、『d design travel』としてリニューアルすることにしたのです。47の都道府県を1年に3カ所ずつ取材してそれぞれを1冊にまとめ、今までに北海道、鹿児島、大阪、長野、静岡、栃木、山梨、東京、山口の特集号を出しました。トラベルを軸にした、ライフスタイルすべてを視野に入れた雑誌を目指しています。『d design travel』の制作については、その土地の「個性」を全国に伝えるわけですから、地方のD&Dのスタッフにも最大限に関わってもらいます。各県ごとの『d design travel』は、第1号は本部主導でつくりますが、編集の方針や手法を公開して、それ以降は地方のお店が第2号、第3号を出していく考えです。札幌店では、北海道版の第2号を発刊する話が進んでいるようです。地方店のスタッフは基本的に、写真撮影も原稿執筆も素人で

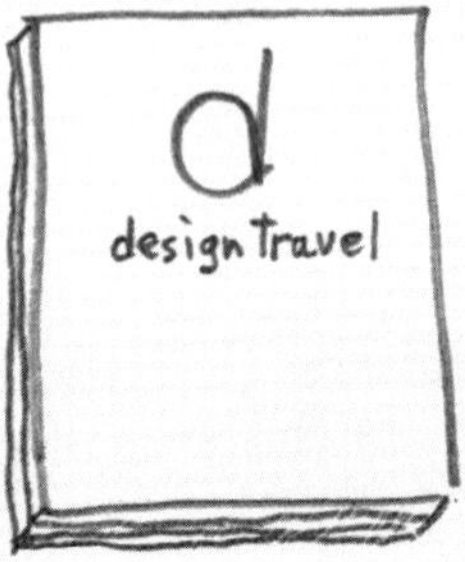

その土地の
個性を
全国に
あるセンスで伝える

す。『d design travel』の制作を通して、情報を全国発信する際の目線やコミュニケーションの仕方を、僕らを利用して学んでほしいと思っています。

目指すのは、自分たちの伝統や風土といった土地の個性を県外の人に伝えるという考え方や、そのやり方を習得するということ。地方から魅力を発信する上での意識改革です。完成した雑誌は全国の書店に置かれるので、『d design travel』誌は活動であるとともに商品。さらに掲載したお店や作家さんとは、読者や編集部が訪問する1年に一度の「ぐるぐるツアー」を通してコミュニケーションが続きます。この雑誌を通して、デザインを軸に人の輪が広がっていくことを目指しています。

Q 店づくりの考え方を伝えるための手段は？

A1 3年に一度、活動を収めた本を出す。

D&Dの活動をまとめた本を、2002年から約3年ごとに発行してきました。自分たちのだらしないところも含めて、どっちの方向にどれくらいの速度で走っているかを、すべて明かしています。ゴールとして目指すのがロングライフデザインなわけで、それに興味を持ってくれる人が増えるのはいちばんうれしいことです。

D&DEPARTMENT
Only honest design can be recyclable

活動は
記録に
しっかりのこす

最初に出した本は『Only honest design can be recyclable.』（エクスナレッジ　2002年刊）。本当のデザインだけがリサイクルできるというメッセージをタイトルにしました。今見ると、写真も自分の文章も恥ずかしい。僕らが見ると懐かしいけれど、他の人にはよくわからない本だったかもしれません。それでも本という形態に執着してきたのは、D&Dが商売を超えた活動であるなら、それを社会に見えるようにすべきだと思うからです。僕らの活動は、ものをつくらないことが基本。考え方が商品だから、その考え方を本という商品で発表するのです。

3年ごとに本にすることに、深い意味があるわけではありません。ただ、自分たちの活動が本になって世に出ることは、D&Dのスタッフの誰もが普段から意識しています。店内の写真を撮るのも習慣になっていて、イベントのときは記録班や写真班が決まっています。

僕らの本は、デザインを軸に「伝える店」をやりたい人には、きっと参考になると思います。かっこ悪いところもすべて含めて、僕らの活動の軌跡を収めているからです。最初のころは本当に稚拙ですが、稚拙さゆえにみんなの励みになるでしょう。自分たちの経験を、いろんな人に使ってほしいと思っています。

A2

自分たちで考えることを大切にした本づくりをする。

本をつくるのは、基本的に自分たちです。通常の仕事の中でも、雑誌をはじめたくさんのメディアから取材を受けて、僕らの活動が広まっているとは思います。でも、それは編集者のフィルターを通した、媒体や編集方針によって整えられた情報になります。もちろんそういう情報発信も必要なのですが、たとえ至らなくても自分たちの言葉で、自分たちのやり方で残すことが大事だと思うのです。

だからといって、自費出版では出しません。今までの活動本は、それぞれ違う出版社が入って制作し、発行しています。僕らが考えていることが、本にしたときに社会にどう受け入れられるのかを、出版のプロの視点で判断してほしいからです。もっと写真を増やせとか、これじゃ売れないとか、いろいろ言われることもあります。そういう意見は基本的に受け入れて、制作を進めていきます。ヒットだけを狙って本を出すわけではないのですが、出版社としての価値観を通して社会で機能するかどうかを常に意識しています。

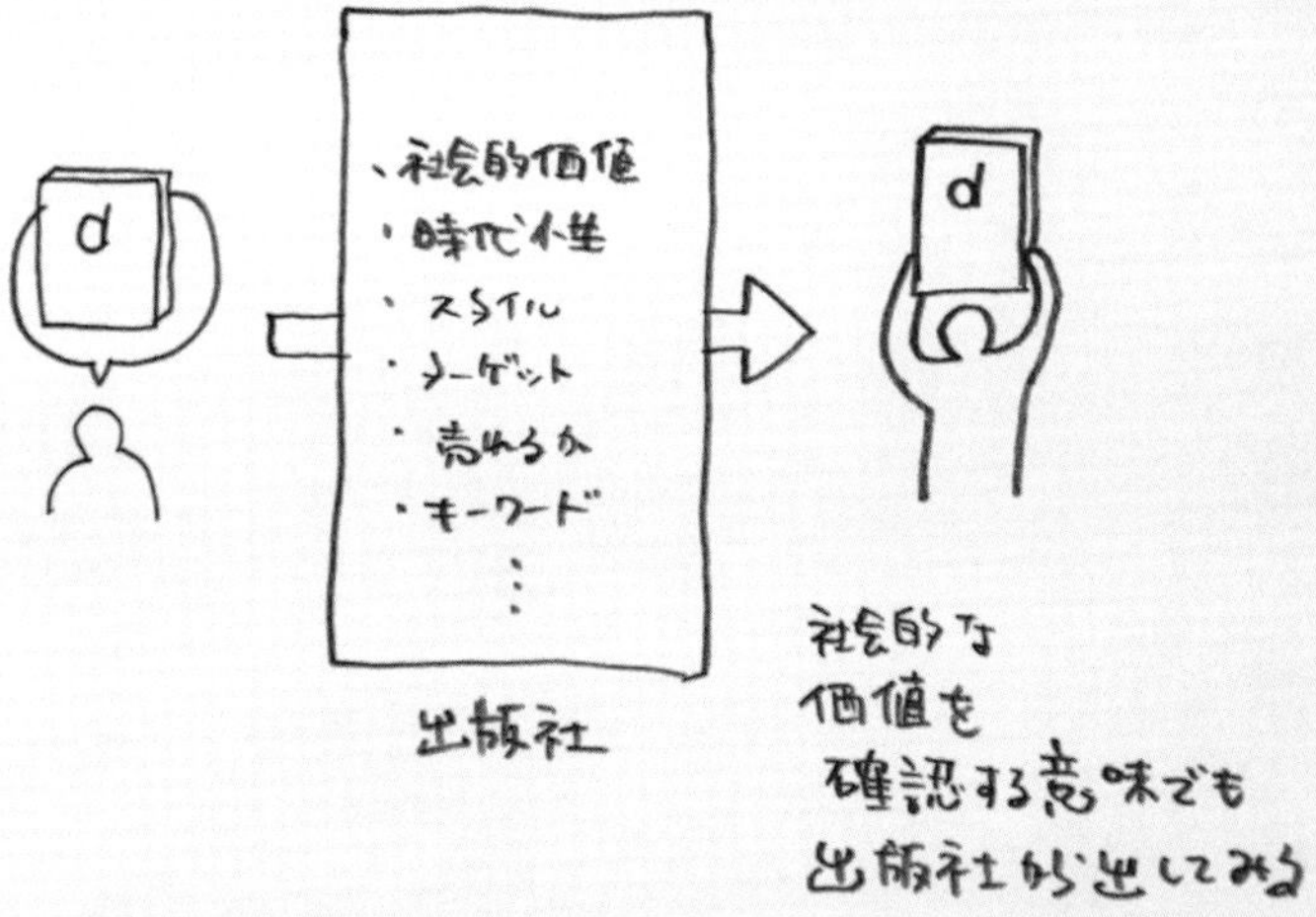
d
・社会的価値
・時代性
・スタイル
・ターゲット
・売れるか
・キーワード
出版社
d
社会的な
価値を
確認する意味でも
出版社から出してみる

出版社を毎回変えているのは、自分たちのコンセプトを相手にゼロから説明して、分かってもらいたいからです。本を出す理由とも重なりますが、信念を理解してもらえるかが重要で、自分たちが一方的につくりたい本をつくればいいということにはあまり関心はないのです。毎回、同じ出版社だと2冊目から説明が少なくて済むでしょうけれど、それをあえてやめています。

出来上がった本は、書店に並ぶものなので、自分たちのものであって、自分たちのものではない。僕が書くパートが多くても、スタッフのみんなが筆者で、みんながカメラマンのつもりでつくっています。D&Dが、お店であってお店ではない、活動の拠点であるのと同じように、本も商品であって商品ではない、活動のプレゼンテーションなのです。

Q 広報活動で、気を付けるポイントは？

A1 全国を相手に発信する意識を持つ。

「伝える店」が情報を発信する上で、広報の役割はとても重要です。地元だけで情報を広めるなら、接客を通じたクチコミやフライヤーの配布だけで、十分な効果があるでしょう。しかし県外や全国から人を呼び込むには、より幅広い人たちに、信頼できる情報を届ける東京発信のマスメディアの力も欠かせません。ブログやソーシャル・ネットワーキング・サービスの活用

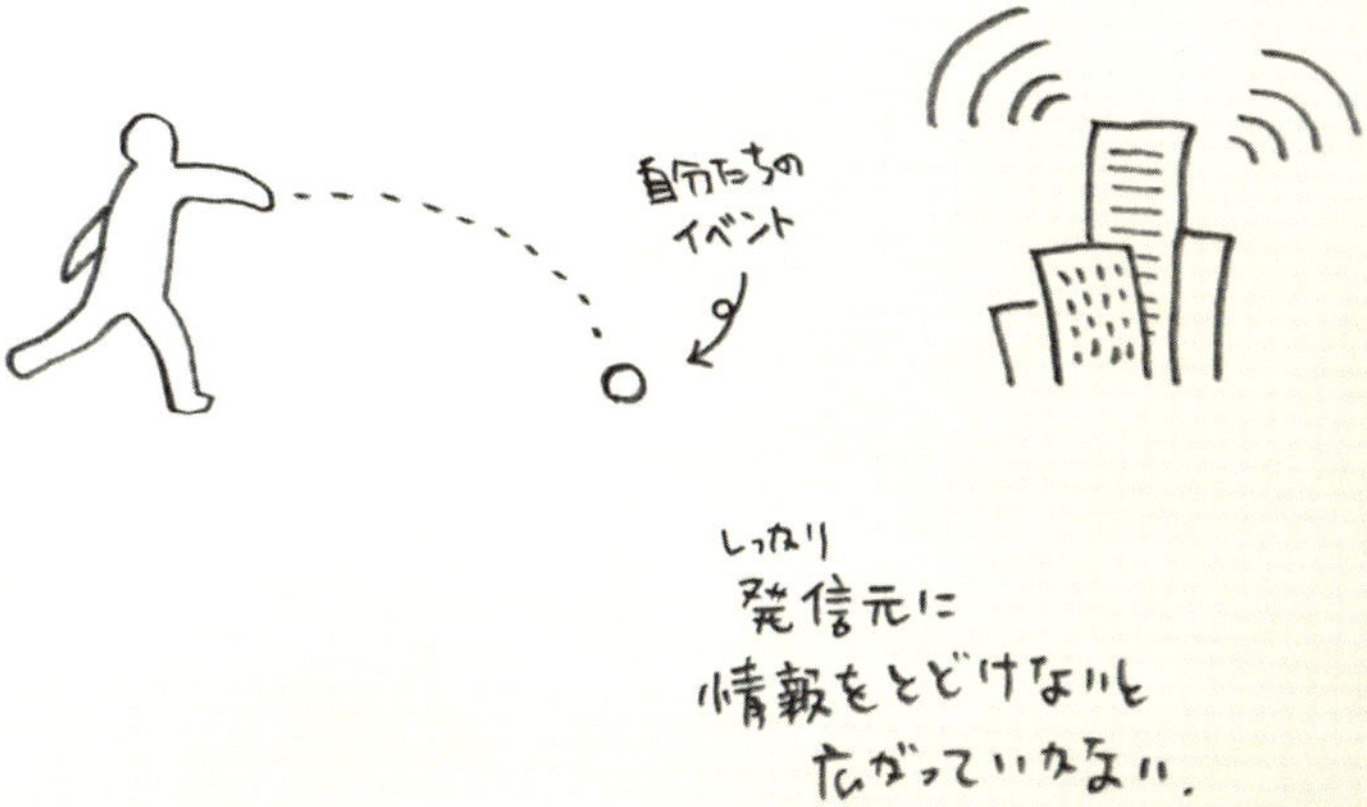
自分たちの
イベント
しっかり
発信元に
情報をとどけないと
広がっていかない。

に加えて、自分たちをマスメディアに取り上げてもらうノウハウが必要になってきます。

たとえばイベントのプレスリリースは、開催の2カ月以上前に記者や編集者に発送しなければなりません。タイミングだけでなく、情報の伝え方、ボリューム、文体なども、興味を持ってもらえるように工夫する必要があります。D&Dでは、地方店が自分たちで情報を発信し始める時期に、プレスリリースのノウハウを本部から細かくレクチャーします。そのコツを覚えて、日々の業務の中で広報活動するのは簡単ではありませんが、だんだんとできるようになっていくのが、D&Dに参加して得られることのひとつです。

プレスリリースに限らず、地方のお店が全国に情報を発信するときにいちばん必要なのは、地方の文脈を伝える言葉を省かないことです。同じ地方に住む人同士なら説明しなくていいことでも、東京に住む人にはよくわからない。そんな物事はたくさんあります。その違いこそが、東京の人から見ると、地方ならではの面白さだったりします。自分たちの文化を客観的にとらえて、伝えるためには努力が要ります。しっかりつくり込んだプレスリリースであっても、ただの新作情報では意味がないし、メディアも注目しません。D&D各店には、D&D東京店の視点を、いつも意識してほしいと思っています。自分たちの土地を全国に知ってもらう。そのための東京的な場所やネットワークとの付き合い方も「伝える店」の運営にはとても重要です。

A2

ブームを狙わず、伝えるべき人にしっかりと伝える。

D&Dの本部は、各パートナーショップの広報を兼ねている部分もあります。東京発信の雑誌の編集者が、D&Dの各店を取材しようと思っても、現地のお店とはルートがない。または現地まで足を運ぶほど、時間やお金をかけられない。そんなケースでは、本部の広報が両者の間に入って調整します。また地方店が発信している情報が、届くべき媒体に的確に届いているとは限りません。プレスリリースの枠を超え、本部が地方の個性を整理整頓して発信することで、情報掲載が実現することもありえます。

現在、本部からのプレスリリースの送付先は約300件。これは活動についての情報の送り先で、新規取り扱いなどの商品情報を送るのは約150件です。広報としては、かなり絞り込んだ件数です。というのも、D&Dが考えるロングライフデザインとは、流行やトレンドの力を借りるものではありません。広報の役割と矛盾するようですが、広く知られれば知られるほど、やがて消費されて見向きもされなくなる可能性は高くなります。やみくもに多くの人に知ってもらうよりも、伝えるべき人にしっかりと伝えて、しっかりと書いてもらいたい。載せてもらうだけで喜ぶのではなく、物事や商品をじっくりと広め、育んでいきたいのです。D&Dが、あえて立地のよくない場所に出店する理由ともつながっています。

今までに、商品の打ち出し方で失敗したと思うこともあります。カリモク60がトレンドに乗り、大ヒットしてしまったために、D&Dがカリモク専門店のように思われた時期がありました。もちろん商品ですから、数が売れるほうがうれしい面はあります。しかし、それがメインになってD&Dの活動が引っ張られる関係になったら本末転倒です。もしもカリモク60が「一昨年、はやったよね」と言われるものになってしまったら、ロングライフデザインとは呼べないし、それは僕らが最も避けたいこと。だから、ある時期から、最大の売れ筋商品であるカリモク60の店頭スペースを減らすようにしました。

一般的な企業は、売れ始めると夢中になって、ちょっと売り上げが下がるだけで「売れていない」という判断を下すようになりがちです。商品がトレンドになることで、つくり手や売り手のペースが壊れ、デザインのサイクルのペースも壊れてしまうのです。

また、朝日新聞や読売新聞といった大手全国紙で、商品が問い合わせ先とともに紹介されるのも、基本的に避けています。デザインの文脈や背景とは関係なく、ものに興味を持った人か

だれでも
たくさんの人に
知ってもらうのではなく、
知ってほしい人にだけ、を考える

らの電話が殺到するからです。こうした電話では、スタッフがきちんとコミュニケーションをとって、僕らの考え方を伝えることはほぼ不可能です。一方、展覧会などの告知は、不特定多数の人が僕らの活動を知るきっかけになるので、歓迎しています。つまり、経験を生かし、使い分けをしていかなければ、ロングライフなビジョンは描けません。

僕らを含め「伝える店」はどこもそうだと思いますが、メジャーなブランドやチェーン店のように、自分たちの資金で広告を出す余裕はありません。だから雑誌に掲載されたり、取材を受けることは、大きなチャンスです。そして正当に評価してもらい、自分たちのメッセージをイメージ通りに伝えていきたい。D&Dの本部は、こうしたメディア環境をつくり、D&Dのパートナーショップすべてに効果を広げる責任があると思っています。

Q

お店とお客さんのベストな関係とは？

A

「お客様は神様」の時代ではない。

「お客様は神様」という時代はもう終わった、と僕は思っています。もしもD&Dで自分が神様だと思っているお客さんがいたら、それは違うとはっきり言うしかありません。お客さんが間違っていると思ったら叱るし、それが失礼だと言われたら、ここはそういうお店だから来ていただかなくて結構ですと言います。僕らはそういう意識でお店をやっていますし、そういう意識のお店が増えないと日本の生活水準は変わらないのではないでしょうか。お客さんからクレームが出ないことを優先したら、なにも提案できなくなってしまう。僕らがお店を通してやっている活動は、お客さんのためになにかをするのではなく、お客さんと一緒になって状況を変えていくことです。

日本では、もうからないと誰もハッピーにならない、だからまずはたくさん売るのが大前提ということになっている。商売に関わる人も、政治家であっても、それは同じです。しかし、どんなビジネスでも事業でも、売るという行為の最前線は売り場です。売り場が強い意志をもって「あなたには売りません」という姿勢になり、お金を払えばなんでも簡単に手に入れられる世の中でなくなれば、社会は大きく変わります。これは極端な話ですが、売り場の姿勢とはそれくらい大事なことだと思うのです。居酒屋なら、店主は口が悪いけど、味は間違いないよね、という店があります。ものを売る店も、その時代に戻るほうがきっと健全です。

全国のD&Dに共通する便利とはいえない立地も、その姿勢の第一歩。ふらっと立ち寄って、買い物しようと思ったけど、接客が気に入らないから帰るという人は、この立地だとほとんどいません。こういう活動をしている店だから、わざわざ来たというお客さんが大半です。

D&Dは会員制にして、趣旨を理解する人のためだけのお店にするほうがいいんじゃないかという話も、オープン当初からありました。または完全予約制にするという手段もありえます。そうすると、ものを販売するのではなく、すべてリースにする形態も考えられる。ロングライフデザインの日用品を、会員がニーズに合わせて使い続けるというシステムです。それでも僕らがお店という形態を選んだのは、いくつか理由はありますが、世の中の底上げが必要だと感じたからでした。デザイナーによるデザイナーのためのお店になってしまうと、広がりがないと思ったのです。

「伝える店」というと、できるだけハードルを下げて、誰もが気軽に集まれる場所を目指すと思われるかもしれません。もしもそれが「伝える店」の定義なら、D&Dは当てはまりません。僕らは、お客さんのためではなく、世の中のためを考えて行動したいからです。

日本のメーカーでは、創業者が事業を成功させ、2代目がそれを引き継ぎ、今は3代目が方向性に悩んでいることが少なくありません。上のふたつの世代が築いてきたことが、社会や経済が変化する中でうまくいきにくくなっている。次の4代目に事業を受け継ぐときに、新しいものをつくる上での根底になるものを見直しましょうというのが、60VISIONでした。ものを売る立場の僕らも、その時代の毅然とした態度を学ぶべきだと思う。それが、今の時代にコミュニティー重視の「伝える店」を持つ僕らの役目だと思っています。

第3部
D&DEPARTMENTを体験する

体験談1
D&DEPARTMENT PROJECT 準備中

【談】
D&DEPARTMENT PROJECT 山梨店
岩下明
（山梨日日新聞社・山梨放送グループ
経営戦略局 局次長）

2013年6月、D&DEPARTMENT PROJECT（以下、D&D）の新しいパートナーショップが山梨県甲府市に誕生する。このショップのオーナーは、創業140周年を迎えた山梨日日新聞社・山梨放送グループ。多くのグループ企業をもつ老舗であり、すでに地域社会とも深いつながりがある上に、これまでのパートナーショップとは異なるノウハウをもっている。ただし抱いている問題意識は、他の地域のパートナーと変わらない。新しいタイプの「伝える店」が、ここから生まれようとしている。

山梨日日新聞社・山梨放送グループは、2012年に設立140周年を迎えました。この節目の年に合わせて、D&Dの山梨店をオープンさせます。場所はグループ各社が入っている山梨文化会館。国際的建築家として知られる丹下健三の代表作で、1966年に完成した建物です。甲府駅の北口から歩いて3

分ほどのエリアにあります。

山梨文化会館は、地域の人々が親しみ、交流する場所となることをコンセプトに設計されています。しかし約半世紀という年月がたつ間に、建物はだんだん閉じた場所になってしまいました。メディア企業としてセキュリティーを向上せざるをえなかったとはいえ、もったいないことです。そこで140周年を機に丹下イズムを取り戻し、建物の1階と2階をリニューアルすることになりました。改修は丹下都市建築設計が担当。1階は誰もが自由に集えるスペースにして、2階にD&Dやカフェが入ります。

近年の甲府市街は、多くの地方都市と同様にドーナツ化が進んでいます。オフィスビルや繁華街は甲府駅南口側にありますが、一時のようなにぎわいはありません。東京への交通の便がいいために、週末も多くの人が東京へ出かけてしまいます。ただ北口には新しい県立図書館が2012年11月に開館して、新たな人の流れができつつあります。山梨文化会館はこの図書館に隣接しているので、文化発信の機能をもつ「伝える店」は地域にメリッ

山梨日日新聞社・山梨放送グループ

1872年に甲府市で創業した山梨日日新聞社と、テレビ、ラジオを兼営する山梨放送を中心としたグループ。

同新聞社は、県内で圧倒的な購読率を誇る山梨日日新聞を発行。同グループは、広告代理店や旅行会社などを含めて15社で構成されている。

これらの本社が入る山梨文化会館は、丹下健三によるメタボリズム建築の代表作として知られる。

経営戦略局・局次長である岩下明が、今回の山梨文化会館のリニューアルを担当している。

トをもたらすに違いないと考えました。

D&Dの出店を決めたきっかけは、デザイントラベル誌『d design travel』山梨号を準備していたナガオカさんに、山梨文化会館の建物を見てもらったことです。その後も話をする機会をもつ中で、私たちはD&Dの活動やスタンスに深く共感するようになりました。お店を一緒に始めるだけでなく、ナガオカさんには今回のリニューアル全体のアドバイザーとして参加してもらっています。

私たちがD&Dについて最も共感したのは、根本にあるロングライフデザインの考え方です。それは、今まで受け継がれてきたものを、現代の私たちの視点で受け止めて、未来へと伝えていくことだと思います。たとえば山梨文化会館は歴史的価値のある建築ですが、その価値は社内を含め広く認識されているとは言えません。節目の年にD&Dを始めるのは、ロングライフデザインとして山梨文化会館に光を当てることでもあるのです。

併設するカフェとして考えているのは、地元・山梨のワインに造詣の深い大木貴之さんの「フォーハーツカフェ」。大木さんは、ナガオカさんを私たちに紹介してくれた人物でもあります。甲州ワインは全国的に人気が高まっていますが、甲府市内で地元のワインをおいしく飲めるお店は限られています。このカフェは、ワインとともにそれに合った地場の食材も使った料理を提供して、山梨の魅力を食の面で広めてくれることでしょう。

またD&Dの一員になるからには、ロングライフデザインの価値を広めるイベントや勉強会も積極的にやっていきたいと思います。山梨日日新聞社・山梨放送グループは、さまざまなイベントや広報活動を行っており、企画を立てるノウハウや人が集まるための場所もあります。私たちのようなメディア企業がD&Dをやることで、地域活性化の新しい可能性が生まれるのではないでしょうか。

一方、現時点の課題は、店長や店舗のスタッフをどうするかということ。このプロジェクトにモチベーションをもって挑んでくれる社員をどう選定するかは、難しいところです。「伝える店」としてとても重要な点なので、慎重に進めていきたいと思います。

今回のようなリニューアルでは、全国展開しているショップやカフェにテナントとして入ってもらうのが、いちばん効率のいいやり方です。しかし、それでは山梨の魅力を発信しにくく、地域と密着してきた私たちのグループらしい取り組みとはいえません。D&Dのパートナーショップなら、私たちらしい文化発信ができます。すでに社内で進行している地場産業を活用した商品開発の企画もあり、相乗効果も期待しています。

私たちにとって、これは長期的なプロジェクト。金銭的な利益を得ることよりも、ずっと取り組んでいく価値があるかどうかが大切なのです。その目的を忘れずに、オープンを目指してきっちり進めていきたいと思います。

体験談2

D&DEPARTMENT PROJECT 営業中

【対談】
D&DEPARTMENT PROJECT
北海道店　佐々木信
静岡店　高松多聞
鹿児島店　玉川恵
沖縄店　比嘉祥　真喜志奈美

2013年2月現在、D&Dのパートナーショップは北海道、静岡、鹿児島、沖縄にある。その代表やプロデューサーを務めている5人が、「伝える店」の現状やD&Dとしての活動について語り合った。各自のバックグラウンドはそれぞれに個性的だが、デザインや地場産業についての意識は共通して高い。「伝える店」として活動する上でのハードルと、それを越えるためのスタンス、そして喜びとは。

D&DEPARTMENTを始めた理由。

――みなさんは、なぜD&Dのパートナーショップを始めようと思われたのですか。

佐々木信：僕は札幌でデザイン会社3KG《スリーケイジー》を経営しています。だんだんと仕事が軌道に乗ってきたころ、会社のこれからを考えると、デザインの仕事だけしている状態が物足りないと感じるようになりました。そこで選択肢としてお店の経営を思い付いたのが、ナガオカさんが47都道府県でD&Dをやりたいと言い始めた時期と重なったんです。パートナーショップの1軒目ということで、誰もやっていないことに挑戦してみたい気持ちもありました。共通の友人がいたこともあり、気付いたらオープンしていたという感じ。オープンしたのは2007年です。

高松多聞：私はデザインに関わる仕事をしたことはなく、もともとはサラリーマンで、独立してから静岡で飲食店を経営してきました。最初にナガオカさんを知ったのも書籍『D&DEPARTMENT DINING BOOK』を読んだのがきっかけです。つまり入り口は飲食だったのですが、その根本にある考え方がすごく

佐々木信
D&DEPARTMENT PROJECT
HOKKAIDO by 3KG代表。
2010年からD&Dの外部ディレクターも務めている。
同店は2007年、D&Dのパートナーショップ
1号店としてオープン。
3KGは2000年にスタートした札幌のデザイン事務所で、
グラフィックをはじめ多様なデザインや
プロジェクトを手がける。
北海道札幌市中央区大通西17丁目1-7
tel: 011-303-3333

高松多聞
D&DEPARTMENT PROJECT
SHIZUOKA by TAITA代表。
同店は2008年、パートナーショップ２号店として
オープン。富士山の見える立地にあり、
地元食材を生かしたカフェにも力を入れる。
代表の高松多聞は1988年に
タイタコーポレイションを創業し、静岡市内で
飲食店を中心に約20軒の店舗を経営している。
静岡県静岡市駿河区高松1-24-10
tel: 054-238-6678

面白いと思い、ネットで調べてナガオカさんのブログを見ていたら、全国でD＆Dをやりたいと書いてあった。まずは東京や大阪のお店を見に行ってみました。ずっと飲食業界でやってきた私からすると、D&DEPARTMENT DINING は常識外れのお店。椅子が全部ソファで、席と席の間隔もすごく広い。普通なら回転が悪くなるからソファは置きたくないし、もっとみっちり席をつくります。メニューの写真の撮り方も普通とは違う。そして物販のスペースには、どう見ても売れそうもないものが並んでいる（笑）。でも普通じゃないところに、どうしても引かれてしまった。結局、ナガオカさんに会いに行って、無理だと言われてもさんざん駄々をこねて、2008年に静岡店をオープンさせることができました。

玉川恵：私は、2010年に鹿児島市内でマルヤガーデンズという商業施設を始めることになり、設計を建築事務所「みかんぐみ」さんにお願いしました。ここは以前は三越だった建物で、なかなかテナントが決まらなかった開店準備中に、みかんぐみの竹内昌義さんから「D＆Dという面白いところがあるよ」と紹介されたのがナガオカさんと知り合ったきっかけです。結局、テナントとしてパートナーショップを出すだけでなく、マルヤガーデンズ全体のディレクションをナガオカさんにお願いすることになりました。それまでは私も準備スタッフもD＆Dを知らなかったので、特殊な例だと思います。リサーチで大阪店に行ったときは、カフェの居心地がよくて、開店前の大変な時期だったのに、ゆっくりとランチを楽しんだのを覚えています。

比《ひ》嘉《が》祥《やすし》：私は以前は建築事務所で働いていて、独立してから沖縄でインテリアショップ「ミックスライフスタイル」を開きました。以前からD&Dは知っていて、60VISIONをお店で扱い始めてから、会社としての付き合いがあります。「沖縄スタンダード」という住宅の企画で一緒に仕事していた真喜志奈美さんがナガオカさんと親しくなり、彼女から薦められて、沖縄店をやってみようと思うようになりました。

真《ま》喜《き》志《し》奈美：以前にナガオカさんが沖縄に来たとき、比嘉さんのお店に立ち寄って、沖縄スタンダードの建築模型を気に入ってもらい、事務所に来てくれたことがありました。私がデザインした「ラワンシェルブズ」をD&Dが扱うことになったのは、それがきっかけです。その後、沖縄でもD&Dのパートナーを探していることを知り、比嘉さんに相談したんです。私としては、ロングライフデザインの普及や地域のものづくりの活性化を目指す

玉川恵
D&DEPARTMENT PROJECT
KAGOSHIMA by MARUYA代表。
同店がテナントとして入るマルヤガーデンズを
運営する丸屋本社代表でもある。
鹿児島駅前の三越跡で2010年に開店した
マルヤガーデンズは、館内にコミュニティー活動の
ためのスペースを設け、人々の交流の場として
活用されている。
鹿児島県鹿児島市呉服町6-5 マルヤガーデンズ4F
tel:099-248-7804

D&Dの活動に共感する気持ちを強く持っていました。沖縄という土地柄から、当初、沖縄店はホテルと一緒にやりたかったんです。ただ条件が厳しく、それは将来の目標として、今は「ミックスライフスタイル」の2階をD&D沖縄店の仮店舗として営業しています。

――それぞれ状況は異なると思いますが、開店までにはいろいろな苦労があったのではないでしょうか。

佐々木：僕が準備を始めるにあたって大変だったのは、みなさんと違って自分たちにお店の経験がなかったこと。そしてD&Dにとっても初めてのパートナーショップだったので、今まで守ってきたブランドを外に出すノウハウがナガオカさんや本部になかったことです。

僕らのほうも、デザイナーだから接客なんてしたことがなく、店頭で「いらっしゃいませ」と言うのも初めて。デザイナーは常に依頼される側なので、立場が逆になることに戸惑いました。あとは僕らのような小さい地方の事務所が、D&Dという大きな存在にのみ込まれちゃうんじゃないかという心配もありました。本業のデザイン事務所の仕事についても、D&Dとしてのロングライフデザインの提案と矛盾しすぎていたら、それはまずい。でもグラフィックデザインは基本的にサイクルの短い仕事で、数多くこなさないとビジネスになりません。仕事の内容について本部から言われたこともあるし、僕らのほうで気をつかいすぎた時期もありました。自分たちと本部の間の守るべきラインが見えてきたのは、最近になってからですね。
比嘉：僕もパートナーショップを始める前に恐れていたのは似たような線引きで、自分のお店がやってきたことと、D&Dのコンセプトは当然ながら違うわけです。人の考えたことを、自分がリスクを取ってやるのにも違和感がありました。でも方向性としてはD&Dの活動に賛同できるし、デザインを本業にしている真喜志さんがディレクターの立場で入ってくれたことで納得できたんです。実際に沖縄店を始めてみると、ちょっと考えすぎだったのかなと思う（笑）。
高松：本業の飲食店の方向性と、D&Dとしてやるべきことの関係については、私もよくわからないまま開店を迎えました。準備をし

比嘉祥
D&DEPARTMENT OKINAWA
by OKINAWA STANDARD代表。
建築設計事務所を経て2000年から沖縄で
インテリアショップ「ミックスライフスタイル」を
経営。建築家としても活動する。
沖縄県宜野湾市新城2-39-8 2階
tel:098-894-2112

真喜志奈美
D&DEPARTMENT OKINAWA
by OKINAWA STANDARDディレクター。
東京を拠点にインテリアなどのデザインを
手がける。
比嘉祥と共同で住宅プロジェクト
「OKINAWA STANDARD」も行う。

ていた時期は、本部から何かにつけて「Dらしく」「Dらしく」って言われるんですが、そのDらしさが最初はさっぱりわからなかったんです。まるで外国人と話しているみたいなもので……。そこの感覚を理解するのに、スタッフ同士がケンカになるぐらい悩みましたね。立ち上げ当初は、すべて暗中模索の手探り状態。その時点では、もう物件も決めて工事も進んでいたので、Dらしさがわからないからといってやめるわけにはいきません。

佐々木：人質を取られたようなものですもんね（笑）。

高松：静岡店は富士山が見える場所にこだわったので、物件のある場所は畑の真ん中。D＆Dを知っている人も少なく、人が集まるようになるまでも大変でした。

玉川：鹿児島店の場合は、D＆Dとの線引き以前に、マルヤガーデンズ本体のオープンの準備があったので、開業前はただただ突き進むような状態でした。オープンしてからの売り場の見直しや軌道修正で、関係を見極めながら定着させることができたと思います。マルヤ全体のコンセプトにナガオカさんに関わっていただいているので、そこに鹿児島らしさをどう生かすのかも、協議して決めていきました。オープンしてから大きな課題になったのは、「伝える店」として理想的な活動を追求することと、商売の場として利益を生み出すことのバランスでした。マルヤガーデンズの店内には、コミュニティーづくりの場としてガーデンと呼んでいるスペースがありますが、ガーデンとショップのあり方については開店後に何度も見直しています。

コミュニティーを広げるために。

――「伝える店」としてどうやって実際にコミュニティーをつくっていくかは、それぞれに考えがあると思いますが、どうですか。

佐々木：D&Dの初めてのパートナーショップとして地元にコミュニティーをつくるのは、僕らにとって大きな課題でした。たとえば最初は、自分たちが住む北海道の物産に進んで興味をもってくれるお客さんはほとんどいなかった。当時はD&Dといえばリサイクル品と60VISIONのイメージだったから、地元のものが並んでいる意味をお客さんにどう伝えればいいのか苦労しました。それでも旭川の高橋工芸さんの木の器を扱っていると、高橋さんがお店に来てくれて新作展を札幌店でやることになったり、徐々に人と人のつながりが生まれてきました。先日の札幌店開店5周年パーティーでは、併設しているカフェ「ピピン」の料理を高橋工芸さんの器を使って振るまったんです。こうしてお店を中心にしたコミュニティーが実感できるようになったのは、オープンして3、4年たってから。最近は引き出物で高橋工芸さんの器を買ってくださる方がいたりと、地元の方が地元のものを誇りをもって買ってくださるようになってきました。

高松：静岡店は、人の流れをつくるにはイベントが大事だということで、とにかく必死でがんばりました。汗をかかなきゃダメだと本部から言われていたので、東京店や大阪店のイベントに行って、後ろのほうから見ながら進行の仕方をメモして、自分たちで考えた企画を本部に提案して……。でも最初のほうにやったイベントは、終わってからナガオカさんたちと一緒に延々と反省会ですよ。ここがいけない、あれはこうしなさいって、ずいぶんダメ出しされました。本部から人が来てもらわなくても安心してできるようになったのは最近ですね。スタッフが成長してくれたのが大きいです。

比嘉：沖縄店は、そういう意味では各地のD&Dの先輩方が築き上げたものがあるから、それを参考にしていきたいです。お店を始める前からD&Dのイベントや勉強会は見聞きしていて、おおよその内容は把握していました。イベントはまだ1回やっただけですが、お店のスタッフも人を集めて楽しませるのが好きなタイプだったので、大きなギャップは感じませんでした。そのときは、集まる人が食べ物や飲み物を持ち寄る「お国自慢パーティー」をやりました。

佐々木：僕らのようなデザイン事務所はパーティー慣れしていないので、最初はどうやってパーティーを仕切ろうかと戸惑いましたね。

特にオープニングパーティーは、東京店も臨時休業してみんな来てくれて、気が付くと何でもやってくれていた。初対面なのにテキパキと動く人たちを見て、すごいことに巻き込まれちゃったなと思いました。パーティーをするなら自分たちも楽しもうという余裕ができるまで、時間がかかりました。それでも続けていると、だんだんと人が集まりやすい環境ができてくるんです。

高松：D&Dのコミュニティーづくりの一環としては、勉強会も企画しなければなりません。私はデザインの難しいことはわからないけれど、必ずしも難しいテーマを取り上げなくてもいいと割り切っています。沼津の地ビールはどんなふうにつくっているかとか、どんな苦労があるのかとか、自分たちが普段の生活の中で興味をもてることを紹介しています。すると必ず同じように興味をもつ人がいて、自然に集まってくれる。

佐々木：確かに難しく考えると、いくらでも難しくなっちゃう。知らないことはいくらでもあるので、僕らも勉強会ではその中から気になるものを選んでいます。他に「伝える店」としての情報発信で力を入れているのはブログですね。D&Dは常に同じ商品を売っていて、新商品なんてめったにないから、新しく見える何かをしなきゃいけない。ロングライフデザインっていう名目を唱えて何も考えないでいると、伝えることがなくなってしまうんです。そういう意味ではブログも、勉強会も、店頭のディスプレイも同じこと。見方が変わるきっかけをつくるように工夫しないといけません。

玉川：マルヤガーデンズは、店内にコミュニティーのためのスペースを広く取っていて、そこで地域のサークルの活動や展示が行われています。だからD&Dとして人を集める前に、施設全体に人がつながりやすい環境ができています。私としても、D&Dから生まれるコミュニティーを限定してとらえるのではなく、他のテナントの人の流れと一体のものとして見ているところがあります。もちろん、D&Dがあるから集まってくれる人もいるし、スタッフとの交流も生まれているようです。マルヤガーデンズのひとつの象徴として、D&Dという「伝える店」の活動があると思っています。

何を売り、どう発信するか。

——品揃えについては、どんな工夫をしていますか。

玉川：他の地方店も同じだと思いますが、本部が選定する全店共通の定番商品と、鹿児島でセレクトした特産品を取り揃えています。お客さんは地元の方が中心ですが、鹿児島のものもよく売れていますね。鹿児島のいいものが再発見できる場所というイメージが定着して、リピーターが増えているようです。自宅で使うのはもちろんですが、パッケージが素敵なものが多いのでお土産として買う人も多くいらっしゃいます。

真喜志：沖縄店は、琉球ガラス、クバの葉でつくったクバ扇、米軍ハウスの写真集、ポストカード、ゴーヤービール、泡盛やルートビアなどを扱っています。沖縄セレクトはまだ集めている最中ですが、すごくやりがいがあります。人づてでいい作家さんを紹介してもらうこともありますし、私は東京での生活が長いのですが、比嘉さんはずっと沖縄にいるので、ものづくりに関わる人たちとのネットワークがあるんです。オープン前からD&Dのもの選びの感覚はだいたいわかっていたので、東京発の定番と沖縄ならではのものを一緒に扱うことで、きっといいお店になると信じていました。

比嘉：D&Dを始めてから、「ミックスライフスタイル」だけで営業していたころに比べて、観光客がずいぶん増えてきました。最近の沖縄は観光客と移住者が多いので、地元のものはそういう方たちに特に売れています。

真喜志：まだ開店して数カ月ですが、売り場でものが動いていくのはデザイナーとしてとても新鮮で、得るものがたくさんあります。デザイナーには、いいデザインのものはなかなか売れないという固定観念があるんです。だからこそ、自分が選んだものが売れていくのは、とても気持ちがいい。デザインするよりも楽しいと思うことがあります（笑）。また沖縄はユーズドの家具にもいいものが多い。比嘉さんは家具の知識があるので、リサイクルショップで買い付けた家具を見ると、身近にこんなにいいものがあったんだというのが実感としてわかります。

高松：D&Dをやることを、僕も楽しんでいます。本部が提案することはいつも奇抜で、誰もやっていないことばかり。お国自慢パーティーも、リサイクル品を仕入れて売るのも、自分にはとても思い付かない。学校で普通に使われていたようなスチールロッカーが、そこに本を入れて、バッグを入れて置いておくと、不思議と売れていく。リサイクルショップで買った50円のものが、古いショーケースに並べると商品になる。リサイクル品の買い付けも、ナガオカさんと一緒に店を回って、手取り足取り教えてもらいました。

佐々木：でも、誰もやっていないのは、やっても大もうけできないからじゃないかと思うこともあります（笑）。

――「伝える店」としては、もうけに直結しない活動になるときもあると思いますが、そのような活動と利益をあげることの関係についてはどう考えていますか。

佐々木：僕らはデザイン事務所という本業があったので、当初、お店だけで稼がなくてよかったという意味ではナガオカさんの東京店の立ち上げのときと近いんです。ただ会社の規模はそこまで大きくないから、お店で血を流しすぎると死んでしまう。5周年を迎えることができて、本当によく続いたなと思います。続いた理由のひとつは、札幌がある程度は大きい街だということ。お店がある場所は辺ぴですが、大きめの物件にしたので、ここを目指してくれるお客さんが一定数いることに助けられています。広いぶん初期費用がかかって、軌道に乗るまで苦労はしましたが……。ナガオカさんは、「伝える店」は物件が魅力的かどうかが大事だと言うんですが、一般的にはそんなことをいう経営者はいない。ものを売る商売は普通、立地が第一ですよ。でもD&Dは、それとは違う感覚を貫くことで、たくさんの人を巻き込んできたわけです。

比嘉：D&Dだけではもうからないということは、沖縄店の準備をする前段階でナガオカさんからはっきり聞いていました。それ以外でもうけてくださいと言われています（笑）。

高松：それでもD&Dを続けたいと思うのは、僕の場合はナガオカさんの人間的な魅力も大きい。ブログでしか知らなかったころは、相当変わった意固地な人に違いないと思っていました。実際に会ってみると物腰が柔らかく、温和で穏やか。そして話をすると、人を引き込む力がある。いつも言ってるんですが、もしもナガオカさんがラーメン屋をやっていたら、僕はナガオカさんと一緒にラーメン屋を始めていたと思う。

真喜志：ナガオカさんはもともとグラフィックデザイナーですが、これだけのお店を開いて、多くの人を巻き込みながら幅広いことに取り組んでいる。私もデザイナーなので、それができるすごさがわかるし、尊敬しています。だから私も、自分が生まれた沖縄のことぐらいは微力ながら協力したい。沖縄は伝統的に工芸が盛んな土地柄ですが、土産物屋が増えてしまい、本来の工芸の力が落ちています。すぐれた作家さんはいますが、特に生活に密着した日用品店や道具類を売っている店がなくなってきていて、このままではいけないと思っていました。そんな問題意識がD&Dと一致したので、ナガオカさんの力を借りて「伝える店」をやりたいと考えたんです。

玉川：マルヤガーデンズの姿勢もD&Dと一致していて、施設として存続していくためには利益が必要ですが、そもそもそれが目的ではありませんでした。もうけるためだったら、このタイミングで百貨店のようなものを始めようという判断はないでしょうね。この場所で店を続けることが、地域のために正しいと信じて開店を決めたのです。ナガオカさんがD&Dを始めたのはロングライフデザインの普及が第一なので、根っこにある目的が違うとしても、思考の回路が似ています。似たような使命感があり、そのためには地域のみなさんの間に信頼を広げることがベースになります。もちろん続けていくためには、いろんな壁が立ちはだかります。時には妥協することもありますが、壁を乗り越えて、続けなくちゃという気持ちでやっています。

高松：うちのお店も利益第一ではないけれど、

利益についてはシビアに考えています。ロングライフのものを扱っていながら、お店がロングライフじゃなかったら話にならない。ものすごく稼がなくても継続することはできますが、赤字のまま在庫だけが増えていったらお店が続くわけないんです。あとは現場に立っているスタッフに、十分な給料を払える経営はしたい。どんなにすばらしい活動だからといって、彼らに犠牲を強いるようなことはできません。もちろんD&Dで私腹を肥やそうなんて考えてはいませんが。

佐々木：商売なのに「私腹を肥やさない」というスタンスは、「伝える店」ならではでしょうね。

高松：経営者としての自分の見方と、D&Dを楽しんでいる自分の見方、ふたつの見方をしています。大きくもうからないし、手間はかかるし、誰もやっていない。だからやらない、というのは経営者的な見方。これは必要な活動で、やっているほうも楽しいし、来てくれる人も楽しんでいる。だからやるべきだという見方もある。相反する見方だけど、僕は誰かがやらなきゃいけないと思う。静岡にはデザインというものが根付いていないし、工芸をやっている若い人が発表する場も少ない。新しい世代の工芸のつくり手や、廃れそうになっているものを残そうとしている作家がそこにいたら、やっぱり手伝いたくなる。

「伝える店」の運営を楽しむ。

——一方で利益をあげるための努力としては、実際にどんなことをしていますか。

佐々木：D&Dは、結構細かく売り上げを分析して、それを売り場に生かす地道な作業もしています。その点で地方店と本部とのつながりは重要で、どうやって分析するかというアドバイスもくれるし、静岡ではこれが売れているから札幌でも売れるはずだと提案をもらうこともある。店同士を連携させる働きが、パートナーショップ展開の経験を積む中でできあがってきたと感じます。

真喜志：10日間ごとの売り上げチェックがあり、D&Dとしての店長の義務や責任がはっきりしていますね。現場レベルでできることと本部からの要求を完璧に両立させるのはまだ難しいので、バランスを取りながらお金を回していくことになります。あとは、沖縄店で自主的に考えた企画などを本部に提案して、収益につなげていくことを将来的にはやっていきたい。

佐々木：勉強会やイベントによってお店のまわりにコミュニティーができて、売り上げにつながっていくとも考えられますが、「伝える店」の場合は集まる人の数がストレートに売れ行きに反映されるとはかぎりません。お金のことを度外視してイベントをやることはありませんが、赤字は常に覚悟していますね。「D

らしさ」には、大きくもうけないことや、売り上げの効率も悪いことが含まれている。たぶん大もうけするのはDらしくない。

高松：でも、それでいいんです。誰もやらないことをやって、自分たちが何かを変えていることで、喜んでくれる人がいる。ものをただ売るだけじゃあり得ない喜びです。

佐々木：北海道店は、人と仕事が自然につながり合って、面白いところに突入してきた気がしています。最近、僕のデザイン事務所で高橋工芸さんのグラフィックやウェブやパッケージのデザインを担当することになったんです。デザイナーの自分がお店を出して、高橋工芸の木の器を扱って、それをきっかけにして、自分でデザインできるようになったことで、やっと活動が2周目に入ったんだと実感できました。他に革製品でも、地元の工房、日下公司さんとのつながりができてきました。D&Dのウェブサイトも、今は本部のウェブ部門と連携しながら僕の事務所で制作しているんです。本部との関係が、オープン当初からずいぶんと変わってきました。

比嘉：僕の場合は、よそで見かけないものを見つけてきて扱うのが、お店をやる上で大きいモチベーションになっています。沖縄のものづくりに企画の段階から関わることに興味があります。つくり手に関することは積極的に応援していきたいですね。すぐにはできませんが、じっくり実現させるつもりです。

真喜志：あとはコミュニティーづくりもホテ

ル業もしっかりと進めたい。商品については、沖縄のものをもっと増やしたいですね。いいものがたくさんある店として、定着させていくことができればと思います。

――最後に、これから「伝える店」をやろうと考えている人にメッセージをお願いします。

真喜志：地方で「伝える店」をやるとしたら、厳選された確実なものを小さいお店に集めるやり方もあると思います。街の大きさに合った場所をつくるということです。勉強会のようなイベントを行うとしても、お店を会場にしない方法はあるでしょうね。

佐々木：僕が「伝える店」をやる上で実感するのは、社会性の大切さです。センスのよい店をつくって回すだけでも大変なのに、発信型のお店をやるとなるとさらに大変。そこで重要なのは社会性をもつこと。デザイナーの僕らにとっては、それを身につけるまでが大変でした。最近は、お店の仕事とデザインの仕事がつながってきて、ようやく報われた気がしています。今から振り返ると、新しい体験を楽しんできたと思います。

高松：「伝える店」を始める手段として、D＆Dのパートナーショップをやるのであれば、D＆Dをうまく利用できなければいけないでしょうね。利用して、何かにつなげていけることが大事です。静岡では、D＆Dと共通性のあるお店が増え始めて、いい状況ができつつあると思います。僕はお店は大きいほうがいいのではないかと思います。「伝える店」に人を集めるためには、魅力のある空間、楽しめる空間であることが不可欠。お店が赤字になるかどうかは、店の規模にはあまり関係ないというか、小さくても赤字になるときは赤字になるんです。

玉川：人が集まる場所をつくることを自分自身が楽しめて、わくわくできるのが何より大切でしょうね。何を始めるときもそうだと思いますが。

高松：僕はデザインのことを何も知らないでお店を始めたから、ものの選び方も自分で考えるというよりは、言われたことをひたすら覚えてきました。そうやって「伝える店」を続けるうちに、目覚めたというか、自分が知らない世界に出会えた。それが世の中の一歩先を行っていることも実感できる。まわりにはそんなお店はない。だから一歩先を行き続けたいと思うし、そのためにがんばっている。これはすごく楽しいですよ。

比嘉：そうですね。自分から問題意識をもって、勉強して、解決していこうという気持ちがますます強くなってくる。それは一緒に仕事をしているスタッフも同じです。その中で、今まで接点のなかった人と会うことも増えていく。D&Dの横のつながりもあるし、イベントなどを通じて知り合うことも多く、とてもありがたいことだと思います。単にお店をやるのとは違い、自分が発信する立場として活動することで、自然とそんな状況ができあがっていくのです。

体験談3
D&DEPARTMENT PROJECTの広がり「dのトモダチ」実行中

トラットリア・ブラックバード（茨城）
小布施町立図書館まちとしょテラソ（長野）
山形まなび館・MONO SCHOOL（山形）

【談】
沼田 健一
（トラットリア・ブラックバード
オーナーシェフ）

2011年から、D&Dは「dのトモダチ」という新しい仕組みをスタートさせた。パートナーショップではないけれど、D&Dの本部と密接な協力関係があり、「伝える店」に近い活動を行うお店や施設が「dのトモダチ」として認定される。現在、トモダチに認定されているのは3カ所。本部から認定証が贈られ、ボックスにD&Dの活動に関連した書籍などが置かれている。コミュニティーづくりや地域文化の向上に対する熱意と工夫は、D&Dに負けていない。

僕はD&D東京店のダイニングで4年間ほど働いてから、故郷に近い茨城の水戸で「トラットリア・ブラックバード」を始めました。D&Dに入ったきっかけは、友人に誘われて行ったD&Dが気に入ったのと、その後にナガオカさんのブログで読んだ考え方や生き方にすごく共感したからです。D&Dを辞めようと決めたのは、ちょうどパートナーショップ第1号の北海道店がオープンしたころで、広報兼プロデューサーの松添みつこさんたちに「辞めて地元に帰るなら、D茨城をやりなよ！」と半分冗談で言われたのを覚えています。

2008年にブラックバードを開店して、その1周年にナガオカさんのトークイベントを企画しました。最初は店内で行うつもりだったのですが、予想以上に人が集まり、近くの専門学校の一室を借りるほどの盛況でした。ナガオカさんはその後もお店に立ち寄ってくれるようになり、もっと一緒に活動していこうと提案されたんです。オープンしたばかりの飲食店でD&Dをやるのは経営的に無理ですが、ゆるやかな関係性をつくるために「dのトモダチ」という仕組みが生まれて、その1号店として参加することになりました。

地味ではありますが、ブラックバードのオープン当初からD&Dの活動を応援していました。デザイントラベル誌『d design travel』はずっと店頭で販売していて、新しい号が出るときは店内にたくさんポスターを貼り、計200冊は売れていると思います。あとは自分のブログで、D&Dの展示のことや、参加したワー

トラットリア・ブラックバード

D&DEPARTMENT DINING TOKYOの料理長を務めていた沼田健一が、2008年に独立してオープンしたトラットリア。地元で採れた野菜や魚介類を使ったイタリアンと、バリスタが入れるコーヒーが好評を博している。店名はビートルズの曲名から。
茨城県水戸市南町3-5-3
tel: 029-224-5895
http://blackbird-mito.com/

クショップなどについて書いていました。するとお客さんとも自然にコミュニケーションが生まれていきます。「dのトモダチ」になってからは、店内の半畳ほどのスペースに棚を置いて、デザイン系の本や地元のフリーペーパーなどを置いています。

水戸のような規模の地方都市で、個人店のトラットリアに足を運んでくれるお客さんは、あるレベル以上の文化度や感度をもつ、常にアンテナを張っている方ばかりです。東京との情報量の違いもあり、お店が積極的に情報発信するとちゃんと反応があります。また僕はデザイントラベル誌『d design travel』の47都道府県のコラムで茨城のコーナーを担当しているのですが、そのコラムを読んだお客さんが、水戸に来たときに寄ってくれることもあります。D&Dに興味を持つ人には、そんな好奇心と行動力がある人が多いんです。

社会との接点をできるだけ多く持ち、地元のコミュニティーを大切にするのは、自分がお店を続けていくためでもあります。個人経営の飲食店にとって、これからも景気に関係なく厳しい時代が続くのは間違いありません。そしておいしいものを食べるという行為は、それだけで存在するわけではなく、映画や音楽のように精神を満足させるもの、心を動かしてくれるものと結び付いています。地方にいると、どうしても文化的なものに接することが少なくなります。いいものに触れられる機会を一定以上の水準にキープして、地域の文化を成熟させることが、回り回って自分のお店に返ってくると思うんです。

たとえば、以前は水戸市内に数軒のミニシアターがあったのですが、今はひとつもありません。そこで自分たちでフィルムを借りてきて、会場を用意し、チケットを手売りして、年4回の上映会「シネマ・ブラックバード」を開いてきました。そのうちの1回は、お店から近い水戸芸術館の映画祭と連携したイベントになりました。こうしたイベントを定期的に行うようになったのも、ナガオカさんを招いたトークイベントに手応えを感じたからでした。

オープンして丸4年がたち、ブラックバードから生まれた人のつながりはずいぶんと大きくなっています。水戸では顧客も常連もゼロからのスタートでしたから、自分でも驚いています。ただし、コミュニティーづくりを重視しながらも、忘れてはいけないと思うのは飲食店としてのクオリティーを追求すること。お店がコミュニティーのための場として機能するのは結構なことですが、食べ物がおいしくなかったら本当に面白い人は集まりません。町おこしのイベントが、人を集めるためにどんなに力を入れても、人を喜ばせる中身がなかったら定着しないのと同じです。飲食をやっている以上、東京からでもブラックバードに食べに行きたいと思ってもらえる店でありたい。その上で、いい場をつくっていきたいです。

【談】
花井 裕一郎
（小布施町立図書館
まちとしょテラソ前館長）
萩原 尚季
（山形まなび館・
MONO SCHOOL運営、
デザイン事務所コロン代表）

D&DEPARTMENTとの出会い。

花井裕一郎：僕は長野県小布施町で「まちとしょテラソ」という町立図書館の館長をしていました。もともとは東京で映像制作の仕事に携わっていたのですが、40代になってから小布施の魅力に触れて、ここを人生の拠点にしようと決めました。小布施はとてもパワーのある、人をひき付ける所で、観光客も多く来ます。しかし高年齢層が多く、土産物やホテルも単価が高めなので、若い世代が立ち寄る場所になっていません。まちとしょテラソは、「学びの場」「交流の場」「情報発信の場」など、若い世代も含めたすべての世代がわくわくする場としてつくりました。ここは図書館ですが、本を借りるためだけではなく、人が集まる場として機能しています。2010年にデザイントラベル誌『d design travel』長野号が出るとき、ナガオカさんが来てくれて話をする機会があり、それが「dのトモダチ」としての活動につながっています。

萩原尚季：僕は2001年から山形で、コロンというグラフィックデザイン事務所をやっていて、当初から書店、カフェ・レストラン、デザインショップと仕事場を一緒にしたコロンパークという場所をつくることを目標にしていました。転機になったのは、2004年ごろ大学時代の友人から山形鋳物のデザインを依頼されたことです。山形鋳物の鉄瓶製品は1970年代には、多いときで月に200～300個も売れていたのですが、最近は月に2、3個販売できればよいほうです。そこで新たな鉄瓶のデザインをしてほしいという話でした。調べてみると、色や形を変えるだけでは、鉄瓶が売れそうにないことがわかりました。岩手の南部鉄器のようなブランド力がなく、流通させる仕組みも整っていません。そこで山形鋳物を売るためには、まずその価値を広めなければならないと感じました。そのころ、ナガオカさんと知り合って、ロングライフデザインをテーマに活動しているD&Dを山形に開きたいと思ったんです。現在は本業と並行して、老朽化にともない閉校になった山形市内の小学校を再利用した「山形まなび館・MONO SCHOOL」を運営しています。

花井：僕がナガオカさんを知ったのは、2008年に銀座松屋で開催された「デザイン物産展ニッポン」だったと思います。これは全国の物産をデザインという視点でセレクトして展示した企画で、その切り口がとても面白かった。地方のものづくりの魅力を、いいデザインとして評価する見方は、それまでになかったと思います。そして魅力を評価するためには、それぞれの地方を十分に掘り下げないといけない。プロセスも含めて素敵だなと思いました。

萩原：初めてD&Dをやりたいとナガオカさんに話したときは、「萩原くんはコロンを頑張りなよ」って断られているんです。そのころは、ナガオカさんが選ぶロングライフデザインの物差しが、僕もよくわかっていませんでした。それからナガオカさんの著書をボロボロになるまで読んで、だんだんとものに対する考え方が変わりました。以前はお客さんに向けてのデザインしかやっていなかったけれど、せっかく山形にいるのなら山形で役に立つデザインができるようになりたいと思うようになりました。それが山形まなび館の活動につながっています。

――閉校になった小学校で活動することになったのはなぜですか。

萩原：今の場所で活動する前は、山形鋳物の組合が持っている古い建物で展示やワークショップをやりながら、D&Dの山形店を始める前提でかなりたくさんの物件を見ていたんです。約2年間、毎日のようにどこかに足を運んでいました。途中からナガオカさんも認めてくれて、一緒に物件を見に行ってくれたこともあります。そうしているうちに、県の近代化産業遺産として保存されることになった、昭和2年に建てられた山形市立第一小学校が、活用方法を公募することを知りました。条件は、ものづくり支援の拠点であること。学び舎であること。地域住民の交流拠点であることの3つ。思い描いていた物件に比べてかなり規模が大きかったのですが、空間としても魅力的で、やりたいことにも合っていました。その公募選考に通って山形まなび館を始めることができたんです。館内には、観光案内室、カフェ、物産紹介室、イベント

花井裕一郎
演出家・小布施町立図書館まちとしょテラソ
前館長（2012年11月退任）。
テレビ番組などのドキュメンタリー映像の
ディレクターとして活動。
2000年に長野県小布施町に移り、
「まちづくり」にも積極的に関わる。
まちとしょテラソは2009年に開館し、
2011年に日本のライブラリー・オブ・ザ・イヤーに
選ばれた。
長野県上高井郡小布施町小布施1491-2
tel. 026-247-2747
http://machitoshoterrasow.com

萩原尚季
デザイン事務所「コロン」代表。
「コロン」を運営しながら
山形まなび館・MONO SCHOOLの
委託運営（2010年4月～2013年3月）も行っている。
コロンでは山形市を拠点として
グラフィックデザインなどを手がける。
山形まなび館・MONO SCHOOLは、
2010年に開館。ものづくり支援を中心に、
伝統工芸をはじめとする山形の産業の紹介や
イベントなどを行う。
2012年には山形まなび館の活動内容が評価され、
GOOD DESIGN賞BEST100に選ばれた。
山形県山形市本町1-5-19
tel.023-623-2285
http://www.y-manabikan.com/

スペース、文化財展示室などがあります。年齢的にも幅広い人たちが集まるので、デザインを前面に出さないように気を付けています。

「デザイン」に身構える人は多い。

花井：それはよくわかります。デザインという言葉に身構えてしまう地方の人は多いですよね。デザインをどうするかは、あくまでもこっちサイドの話にするほうがいい。その点で、ロングライフという考え方のほうが抵抗なく広がりやすい気がしています。小布施のような地方では農業がロングライフなものだし、図書館もロングライフを意識したサービスを行うことを考えたほうがいい。

萩原：そうですね。一般の市民の人たちには、デザインという言葉を使わずに「いい空間だな」と感じてもらえるほうがいい。それがデザインを理解することにつながっていきます。山形まなび館では、カフェで天童木工の椅子を使っていますが、デザイナーやメーカーの名前を出していません。隣にある物産室で同じものを販売していて、そこでは詳しい情報を伝えるようにしています。興味をもっていそうな人には、スタッフがさりげなく話しかけます。ここで働くスタッフも、コロンのデザイナーです。お客さんとじかに接して話す機会をもつことは、デザイナーとしてのスキルにいつか必ず役立つと考えています。

――花井さんは、以前は映像制作の仕事をしていたそうですが、その経験はコミュニティーづくりに生かされていますか。

花井：とても役立っていると思います。僕は30代まで主に演出家としてドキュメンタリー映像に携わっていて、人に「すごい」とか「かっこいい」とか言われるものをつくりたいと思い続けていました。当時はコミュニティーづくりに興味をもつなんて思いもしませんでしたね。でも小布施という町に出会って、「まちづくり」に関わる人たちと接して、これが求めていたものだと思いました。その後も自分は、図書館の演出家だと思ってきました。図書館の主役は、そこを訪れる地域の人たち。フラッと来た人が「俺、素敵な本見つけちゃった」と思える瞬間を、自分が裏方になってつくるのが最高に面白い。さらにここは交流の場所であり、子育ての場所であり、学びの場所でもある。こちらが何かすると、それがストレートに返ってきます。人とのエネルギーのやりとりの醍醐味を知ってしまうと、もう抜け出せません。D&Dについては、デザインが本職ではない自分が手を出すことじゃないと考えたこともありました。ナガオカさんと付き合うようになってから、重なるところが大きいと思うようになったんです。特に参考になるのは世の中の切り取り方というか、編集力の高さ。渋谷ヒカリエの「d47 MUSEUM」にしても、「d47食堂」にしても、うまいなと思う。図書館の本の並べ方も、編集ということを意識して並べ方を変えるだけで、ぐっと面白さが増すんです。

〝D&D〟と〝dのトモダチ〟に上下はない。

萩原：編集力という点では、ナガオカさんはいつも一歩先を行っていて、さすが先輩だと思います。僕はそのメガネを借りて、ものを見ている状態ですね。そうすることで、新しいテーマに気付くことができる。自分をバージョンアップしてもらっていると思うし、人の輪も広がっています。

花井：それにしても萩原さんは、あれだけの規模の場所を運営しているのがすごいですね。

萩原：ナガオカさんの本を読むと、自宅みたいなところから始まって、いつも無理しながらステップアップしていくんです。まわりから見ると無謀で、自分でもダメかもしれないと思いながら、結局は成し遂げていく。ナガオカさんにできたことなら、もしかしたら自分でもなんとかなるんじゃないかと思うようにしています。面白そうだけど難しそうだと思ったら、やってみるほうを選んじゃうんですよ。行政側の考え方はシビアで、難しい面もありますが、そこに突進するバカなデザイナーがいてもいいかなと。まだ小さい会社なので、公的な仕事をすることで得られる信用もあるし、接点がなかった人たちと接するチャンスもたくさんもらっています。

――いつか本格的にD&Dを始めるとしたら、どんな活動がしたいですか。

萩原：ナガオカさんに山形でやりたいという話をしてから6年以上たって、今は各地にパートナーショップができていて、僕らが47都道府県の最後になるかもしれないですね（笑）。施設の条件上、ものを売ることはできますが、営利目的の営業ができないのでD&Dと名乗れないんです。現在、デザインのよいリサイクル品の販売もしているし、地元の農家の野菜を使うカフェもあり、フリーマーケットやイベントもしています。また山形でロングライフデザインのお店を成立させるには、その必要性をたくさんの人に感じてもらうのが先だと思っています。亀の歩くようなスピードかもしれませんが、そんな意識が広まってから、ふさわしい場所を見付けたいと思います。

花井：僕もD&Dと「dのトモダチ」に上下はないと思っています。今でもいいパートナーだし、思い付いたことはすぐにメールでやりとりする関係にあります。オーナーになるのが目的ではなく、もっといいパートナーになることを目指したいですね。長野店を小布施につくることも構想していますが、それもあくまでひとつのステップ。長野にも山形と同じ状況があって、今は東京店のようにものを並べるだけでは売れないと思うんです。D&Dのコンセプトを面白いと思ってくれる人は確実にいる。そこをベースに、いかにコミュニティーをうまくつくっていけるか、地域の暮らしを楽しくしていけるかを、大事にしていこうと思います。

萩原：山形まなび館を始めて鉄瓶が売れるようになったかというと、まだ実感できません。ただ、こういう活動が行政のサービスの中にあることで、町の見え方が変わったことは感じる。「dのトモダチ」になれたのも、その変化が認められたんだと思っています。だからがんばり続けられる。

花井：小布施には、「まちづくり」を勉強しているという若い人がたくさん来ます。いつまでいるのと尋ねると、明日帰りますという人もいる。これではただの見学者になってしまう。コミュニティーはいくら理論武装してもつくり出すことはできません。萩原さんも山形という場所で真剣に取り組んでいる。これはやっても無駄だと頭で考えずに、実行することで見えてくるものが大事なんだと思います。実際は、それがいちばん早い道なんじゃないかな。

――コミュニティーづくりを続けるために、一緒に働くスタッフとの関係も大切だと思います。その点はいかがですか。

萩原：コロンはデザイン事務所なのに、今は午前中から夕方まで全員が山形まなび館のスタッフをしていて、デザインの仕事をするのは夕方以降。そこにみんなを巻き込むためにやったのは、ナガオカさん、北海道店を運営している3KGさんに直接会いに行くことでした。3KGは、僕が憧れた先輩デザイン事務所でもあるんですが、反対していた社員と一緒に札幌へ行って、代表の佐々木信さんと夜中まで飲んだんです。そんな機会を持つことで、ようやく理解してもらえました。こういう人に出会うため、こういうつながりをつくるために、自分たちの殻を抜けたことをやろうとしているんだと。

花井：まちとしょテラソのスタッフでも、僕の考えが理解できない人もいたと思います。でも一方で、ここで働きたいといって遠く離れた場所から小布施に移り住んだ人もいる。ひとりよりふたり、ふたりより3人と、理解者が増えるほど、物事は動かしやすくなります。離れていく人がいるのは、しょうがない。でも楽しく仕事していると、必ず人は集まってきます。仲間で何かをつくり上げる経験をすると、やめられなくなるはずです。

おわりに

D&DEPARTMENT PROJECTをはじめて10年ぐらいたったころ、僕はようやく「民藝」という考え方に向き合えました。以前から知ってはいたけれど、その土着的な感じがプロダクトデザイン好きの僕には、感覚的に受け入れられず、どこかで、全く別の世界のことだと思うように自分の頭をしむけていました。

ある人から「あなたのやっていることは、現代版民藝運動ですね」と言われ、その夜、はじめて民藝運動の父、柳宗悦のことを調べました。偶然なのでしょうが、僕らが『d long life design』という小冊子（後に雑誌『d design travel』）をつくっていたように、柳宗悦も『工藝』『民藝』という小冊子を出していました。「d47プロジェクト」の名前で日本の47カ所の土地に、D&DEPARTMENT PROJECTをつくっていくことと、民藝運動に賛同したさまざまな土地の人たちによる「民藝館」の設立は、よく似ていました。「似ている」と言うと、民藝運動やその関係者に対して申し訳ない気持ちもあるのですが、民藝運動は、「東京が発信するデザインだけが、デザインの正解ではない」という僕たちの考え方とも近くて、とうとう40歳を迎えた年に、はじめて駒場にある日本民藝館へ行きました。今でもそのときの衝撃は覚えています。

柳宗悦や柳宗理がなにをしたかったのか。日本民藝館を通じて、そういうことを考えるようになり、D&DEPARTMENT PROJECTを日本中につくっていく中で、各店の「最終的な自立」つまり、「僕やD&DEPARTMENT PROJECTの東京本部に頼らずに、自分の土地の個性を見極め、その土地に必要な『らしさ』を継承していく手伝いができる」、また「大都市にも負けないスマートさで情報発信をしっかり行えるようになる」というゴールに変更しました。現在は、形式上フランチャイズ契約で店舗は増えていくけれど、「最終的な自立」ができたら、フランチャイズ契約にともなう本部へのロイヤリティーの支払いは廃止するという新しいゴールも考えました。これは民藝館や民藝運動の影響です。

継続していくのには、どこかの助成金などに頼らずに自立自営していかなければなりません。自分の土地でそれを実現するには、土地のことを考えたリアルな需要を発掘し、ある一定の量を販売できなければなりません。「なにを継承していくべきか」ということに、現代の生活者の欲求を重ねなくてはなりません。それは文化意識の高い「売り場」だけが実現できることだと思っています。

日本の生活品売り場の現状は惨憺《さんたん》たるものだと思います。およそ生活品とも呼べないグッズのような雑貨で「ライフスタイルストア」と名乗っているところも多いのです。安ければいいと思っているファッションウェアや雑貨のチェーン店に、日本の将来は託せません。いや、託したくありません。日本の将来は、売り場をきっかけにみんなが語り合うべきであり、これからの売り場は確実にその要求に応えていかなければならないと思います。

僕たちはこの先、しかるべき意識のパートナーと出会い、売り場を使って日本の個性を引き出したり、整理したり、交流を生んだりしていきます。まだまだ、理想的な場とは遠く、頼りないと思うけれど、どうか、そのドタバタを見守ってください。くだらないものをつくるメーカーに一緒に苦情を言えるお店に、正しいものづくりに一緒に拍手をおくれる場になるために。

日本のお買い物はD&DEPARTMENT PROJECTで。

ナガオカケンメイ

d
design travel

2013

2 『d design travel 山口』刊行。
3 本書『D&DEPARTMENTに学んだ、人が集まる「伝える店」のつくり方』(美術出版社)。
6 『d design travel 沖縄』刊行。
パートナーショップ「D&DEPARTMENT YAMANASHI by Sannichi-YBS」オープン。
10 『d design travel 富山』刊行。
11 韓国・ソウルに初の海外パートナーショップとなる「D&DEPARTMENT SEOUL by MILLIMETER MILLIGRAM」オープン。
福岡・祇園に直営店3号店となる、「D&DEPARTMENT FUKUOKA」オープン。

2014

2 『d design travel 佐賀』刊行。
3 「良いものの発掘と再生」を評価され、ナガオカケンメイが毎日デザイン賞受賞。
7 『d design travel 福岡』刊行。
8 「デザイン物産 2014」展(d47 MUSEUM)、同名の書籍も刊行。
パリの「Le Japon Rive Gauche – ル・ジャポン・リヴ・ゴーシュ展」に出展。
11 『d design travel 山形』刊行。
「d&RE WEAR」展（東京・虎ノ門)。
ファッションリサイクルプロジェクト「d&RE WEAR」および「FROM LIFE STOCK」を開始。
「D&DEPARTMENT KYOTO」(現直営店)を本山佛光寺境内にオープン。

2015

3 『d design travel 大分』刊行。
直営店「D&DEPARTMENT TOYAMA」を富山県民会館内にオープン。
7 『d design travel 京都』刊行。
8 「47麺 MARKET」展（d47 MUSEUM)、同名の書籍も刊行。
11 『d design travel 滋賀』刊行。
12 「NIPPONの47 2016 食の活動プロジェクト」展(d47 MUSEUM)、同名の書籍も刊行。

2016

3 『d design travel 岐阜』刊行。
4 「d mart 47」展（d47 MUSEUM)、同名の書籍も刊行。
7 『d design travel 愛知』刊行。
11 『d design travel 奈良』刊行。
12 「47 accessories 2」展(d47 MUSEUM)、同名の書籍も刊行。

2017

3 『d design travel 埼玉』刊行。
8 「NIPPONの47人 2017 これからの暮らしかた –Off-Grid Life–」展(d47 MUSEUM)、同名の書籍も刊行。
9 d design travel 掲載場所を巡る旅「シェアトラベル」を企画監修。
11 『d design travel 群馬』刊行。
12 「ナガオカケンメイ展 もうひとつのデザイン」(ギャルリももぐさ)、同名の書籍も刊行。

2018

3 『d design travel 千葉』刊行。
6 パートナーショップ「D&DEPARTMENT SAITAMA by PUBLIC DINER」オープン。
10 中国・黄山市にパートナーショップ「D&DEPARTMENT HUANGSHAN by Bishan Crafts Cooperatives」オープン。
11 『d design travel 岩手』刊行。
12 「LONG LIFE DESIGN 1」展(d47 MUSEUM)、同名の書籍も刊行。

2019

3 『d design travel 高知』刊行。
4 「Fermentation Tourism Nippon」展(d47 MUSEUM)、書籍『日本発酵紀行』刊行。
5 『d news』創刊
6 D&DEPARTMENT TOKYOの1階に「dたべる研究所」オープン。

＊出版社名のない書籍は、すべてD&DEPARTMENT PROJECT刊

D&DEPARTMENT PROJECT　主な活動

1999

7　ウェブストア「D&MA」オープン、
7点のリサイクル商品を販売。

2000

4　東京・三田に、自宅兼週末予約制
ショップの「D&MA」サロン、
通称「三田d」オープン。
8　東京・恵比寿近辺に、物件を見つけるが断念。
世田谷に現在の東京店の物件を見つける。
11　東京・世田谷に「D&DEPARTMENT PROJECT」
（現D&DEPARTMENT TOKYO）オープン。

2002

9　大阪・南堀江に直営店2号店となる
「D&DEPARTMENT OSAKA」オープン。
「60VISION」カリモク60立ち上げ。
12　活動本『Only honest design can be
recyclable.』（エクスナレッジ）。

2003

10　「60VISION」などの活動に対して、
グッドデザイン賞審査委員長特別賞を受賞。

2005

9　「60VISION」合同展開催
（東京インターナショナル　ギフト・ショー）。
12　活動本『LONG LIFE STYLE 01』（平凡社）。

2007

11　初のパートナーショップ、
「D&DEPARTMENT　SAPPORO by 3KG」

オープン（現 北海道店）。
12　『D&DEPARTMENT DINING BOOK』
（主婦の友社）

2008

2　「NIPPON VISION EXHIBITION 東京」
展開催（D&DEPARTMENT PROJECT
TOKYOほか）。
7　『60VISION 企業の原点を売り続ける
ブランディング』（美術出版社）。
8　活動本と同じ位置付けとして、
雑誌『アイデア』（誠文堂新光社）にて
特集記事「D&DEPARTMENT PROJECT
2005-2008」が掲載される。
9　「デザイン物産展ニッポン」開催
（松屋銀座）、
同名の書籍も刊行（美術出版社）。
11　パートナーショップ
「D&DEPARTMENT
SHIZUOKA by TAITA」オープン。

2009

11　『d design travel 北海道』刊行。

2010

4　パートナーショップ
「D&DEPARTMENT
KAGOSHIMA by MARUYA」オープン。
『d design travel 鹿児島』刊行。
8　『d design travel 大阪』刊行。
11　『d design travel 長野』刊行。
12　「NIPPON VISION in KOREA」展開催
（ソウル・クラフトトレンドフェア2010）。

2011

2　『d design travel 静岡』刊行。
9　『d design travel 栃木』刊行。

2012

1　『d design travel 山梨』刊行
4　東京・渋谷ヒカリエに
「d47 MUSEUM」「d47 design travel
store」「d47食堂」をオープン。
6　「ニッポン47ブルワリー
- 47都道府県のクラフトビール展 -」開催
（d47 MUSEUM）。
7　パートナーショップ
「D&DEPARTMENT OKINAWA
by OKINAWA STANDARD」オープン。
9　『d design travel 東京』刊行。
d47落語会スタート。

ナガオカケンメイ

デザイン活動家・D&DEPARTMENTディレクター。

1965年、北海道生まれ。すでに世の中に生まれたロングライフデザインから、これからのデザインの在り方を探る活動のベースとして、47の都道府県にデザインの道の駅「D&DEPARTMENT」をつくり、地域と対話し、「らしさ」の整理、提案、運用をおこなっている。2009年より、旅行文化誌『d design travel』を刊行。2012年より東京・渋谷ヒカリエ8/にて47都道府県の「らしさ」を常設展示する、日本初の地域デザインミュージアム「d47 MUSEUM」を発案、運営。2014年、毎日デザイン賞を受賞。2019年、ロングライフデザインのマーケットをつくり手、売り手、使い手の垣根を越えて応援する雑誌『d news』を創刊。

www.nagaokakenmei.com

D&DEPARTMENTに学んだ、人が集まる「伝える店」のつくり方
学びながら買い、学びながら食べる店

2013年3月25日　初版　第1刷発行
2019年7月31日　初版　第4刷発行

編著　ナガオカケンメイ

ブックデザイン　寄藤文平＋鈴木千佳子［文平銀座］、川路あずさ［Drawing and Manual］
アイデアスケッチ　ナガオカケンメイ（第2部）
構成・文　土田貴宏（第2・3部）
撮影　武田陽介（p.183・187・219　帯内、右列2点・左列2点）
制作協力　高橋恵子＋松添みつこ［D&DEPARTMENT PROJECT］
編集　田邊直子
印刷製本　千代田プリントメディア

発行人　遠山孝之、井上智治
発行　株式会社美術出版社
〒141-8203　東京都品川区上大崎3-1-1　目黒セントラルスクエア
電話　03-6809-0318（営業）　電話　03-6809-0542（編集）
振替　00110-6-323989
http: // www.bijutsu.press

Printed in Japan　ISBN978-4-568-50522-1 C3070